L'ÉVALUATION ET SES PRATIQUES

**DIRECTRICE
DE PUBLICATION**
Annie Lemesle

**RESPONSABLE DE
L'ÉDITION TRANSMÉDIA**
Isabelle Sébert

**DIRECTEUR
ARTISTIQUE**
Samuel Baluret

**COORDINATION
ÉDITORIALE**
Mathilde Peyroche

SECRÉTARIAT D'ÉDITION
Mathilde Peyroche

MISE EN PAGES
Matthieu Daubigney

CONCEPTION GRAPHIQUE
Des Signes,
Studio Muchir Desclouds

ISSN : en cours
ISBN : 978-2-86918-262-2
© Canopé-CRDP de l'académie de Créteil-2014
12, rue Georges-Enesco
94000 Créteil

L'ÉVALUATION ET SES PRATIQUES

Sous la direction de
Marc Bru
Brigitte Marin

SOMMAIRE

INTRODUCTION

Une conférence de consensus vise à établir un état des connaissances au sein d'une communauté scientifique et à proposer une aide pour l'action. Le principe de la conférence de consensus, dont l'origine se situe dans le monde médical, consiste à partir de la présentation publique de rapports d'experts pour aboutir à la rédaction de recommandations émises par un collège de professionnels, le « jury » de la conférence. Dans certains pays, ce principe est utilisé dans la sphère politique pour éclairer la prise de décision. En 2003, en France, le Piref (Programme incitatif de recherche en éducation et formation) avait organisé une conférence de consensus sur l'enseignement de la lecture, sous la direction d'Antoine Prost.

À l'ESPE de l'académie de Créteil, la conférence de consensus a pour objectif d'aider les formateurs d'enseignants à recontextualiser en termes de formation des thèmes de recherche liés à leur activité professionnelle. Elle n'a pas pour objectif de susciter un plein accord sur de « bonnes pratiques » censées résoudre des problèmes professionnels, mais de procéder à un état de la question à partir d'approches de recherche convergentes ou divergentes.

Inspiré par l'idée de complémentarité, ce dispositif fait dialoguer des conférenciers dont les ancrages théoriques, spécifiques favorisent la controverse et le débat, lors de la journée de travail, autour d'un objet de réflexion essentiel pour l'ensemble des professionnels qui interviennent, directement ou indirectement, auprès des élèves du système scolaire français des premier et second degrés. De plus, cette diversité des intervenants est elle-même coiffée par la présence, face à eux, d'un « jury », composé cette année de quatorze acteurs de la formation – dont le président du jury –, chargé d'interroger le discours des chercheurs à partir des contraintes et des impératifs de la formation. À cette double mixité des intervenants et du jury s'ajoute celle des auditeurs, divers par leur fonction (enseignants-formateurs, formateurs à plein temps, conseillers d'éducation) et par le niveau d'enseignement où ils interviennent quotidiennement (premier ou second degré, voire université). Enfin cette mixité des auditeurs s'est encore étendue, au fil des éditions, avec la participation d'étudiants de masters divers et de professeurs stagiaires.

La conférence de consensus de l'ESPE de l'académie de Créteil propose dans la même journée les communications de cinq conférenciers. Un discutant anime la journée en essayant d'établir un double lien : il incite les conférenciers à opérer des rapprochements entre leurs différentes démarches conceptuelles et méthodologiques ; il les pousse à explorer leurs résultats de recherche d'un point de vue qui prenne en compte les problématiques de la formation. Chaque conférence, d'une durée de trente minutes environ, inclut trois séries d'échanges : avec le discutant, avec le jury, avec le public des formateurs.

Huit conférences de consensus se sont tenues dans ce cadre depuis l'année universitaire 2004-2005, les premières organisées par l'IUFM de l'académie de Créteil, depuis 2011, co-organisées par les IUFM de Créteil, Paris, Versailles, et actuellement par les ESPE de ces trois académies franciliennes. Les thèmes traités ont été successivement « La motivation des élèves » en 2005, « Former à l'analyse des pratiques » en 2006, « Enseigner dans les écoles de la périphérie. Comment former à mieux accompagner les apprentissages en "milieux difficiles" ? » en 2007, « Scolariser les élèves en situation de handicap » en 2008, « La mixité à l'école : filles et garçons » en 2009, « Pratiques de classe et autorité » en 2010, « Épistémologie, savoirs et champs disciplinaires : questions d'apprentissage » en 2011.

« L'action d'évaluer et ses pratiques dans le champ scolaire » : telle est la thématique de la conférence de l'année universitaire 2011-2012. Appelée par la perception du poids des pratiques d'évaluation dans la classe depuis les dernières décennies, qui augmente régulièrement, affectant conjointement élèves et enseignants, elle vise à établir un état des lieux sur cette question essentielle pour comprendre le rapport complexe entre apprentissage, performances scolaires et évaluation.

Le présent ouvrage, élaboré collectivement par le jury de la conférence de consensus, voudrait prolonger les contributions et les échanges développés avec les participants au cours de la journée du 14 décembre 2011 et offrir un outil de réflexion et d'action aux formateurs. À l'issue de la conférence, le jury, réuni sous la présidence de Marc Bru, professeur de sciences de l'éducation à l'université Toulouse-Le Mirail, a rédigé un ensemble de contributions, qui ne clôt pas le débat. L'enjeu en effet a consisté à élaborer un texte relativement consensuel rendant compte des points de vue de la majorité des membres du jury.

Dans son prologue, Marc Bru met en garde contre la place grandissante accordée à l'évaluation des résultats des élèves, évoquant la fréquente confusion terminologique qui assimile évaluation et quantification. Il analyse par ailleurs l'influence des pratiques métrologiques et quantitatives sur les politiques éducatives, qui selon Alain Abelhauser, Roland Gori et Marie-Jean Sauret relèvent d'une « nouvelle fabrique de la servitude ».

La première partie est un texte collectif, composé de huit sections et élaboré par les membres du jury de la conférence, qui reprend l'essentiel des débats de la journée.

La deuxième partie de l'ouvrage est constituée de quatre chapitres.

Dans le premier, intitulé « Dis-moi comment tu évalues tes élèves et je te dirai (de) quelle société (tu es le) produi(t/s) », Roger-François Gauthier analyse les systèmes éducatifs de plusieurs pays pour montrer les différentes formes qu'y prend le conflit entre enseignement et évaluation. Mentionnant « l'obsession de l'évaluation accrue démesurément depuis vingt ans », il pose un regard critique sur « ce sport populaire qu'est devenue la comparaison internationale en éducation ».

Philippe Watrelot, dans le chapitre deux, « Pour une "culture commune" de l'évaluation », appelle de ses vœux une forme d'évaluation critériée – plutôt que normative –, susceptible de constituer un outil pour les apprentissages, et qui serait déliée de tout « rapport utilitaire au savoir ». Il s'agit ainsi pour l'auteur d'établir une communication liée à l'évaluation, dont l'objectivité apparaît a priori impossible.

« L'évaluation par QCM », telle est l'approche de Nathalie Sayac dans le troisième chapitre. S'intéressant à l'évaluation en mathématiques à l'école primaire, l'auteure propose les résultats d'une recherche qu'elle a récemment conduite avec des élèves peu familiarisés avec les QCM dans cette discipline. À partir d'entretiens individuels menés avec les élèves, elle décrit et commente les stratégies qu'ils ont développées.

Enfin, le dernier chapitre, « Évaluer un texte en français : de l'impossible objectivation des critères de notation ? », concerne l'évaluation sommative de productions d'écrits d'élèves de l'école élémentaire. Brigitte Marin analyse les processus de notation et la subjectivité afférente en comparant les notes chiffrées attribuées par plusieurs enseignants notant les travaux des mêmes élèves dans des conditions typographiques différentes.

Une synthèse du président du jury clôt cette deuxième partie.

L'enregistrement audiovisuel des conférences proposées est disponible en ligne sur le site de l'ESPE (onglet ressources/ressources audiovisuelles) : *espe.u-pec.fr*

Brigitte Marin

PROLOGUE

Si l'on en juge à la fréquence de l'utilisation du terme, l'« évaluation » fait désormais partie du vocabulaire ordinaire en rapport avec l'action dans l'ensemble des champs sociaux, en particulier en éducation et dans le domaine scolaire. Le phénomène n'est pas nouveau mais, assez souvent, dans une confusion terminologique assimilant évaluation et quantification, évaluation et classement ou évaluation et contrôle (Ardoino, Berger, 1982), on assiste plus nettement aujourd'hui à une sorte de banalisation dont le risque est la soumission à un mode de pensée qui, sans débat, imposerait une conception, un modèle, une norme procédurale et fonctionnelle de l'évaluation, passant sous silence la dimension axiologique et les choix qui la traduisent.

À l'initiative de Piéron (1963), la docimologie – science des notes et des examens – a depuis longtemps ouvert une perspective critique, dans le cadre certes limité de préoccupations métrologiques et quantitatives, mais porteuse de constats et de résultats d'expérimentations particulièrement éclairants pour ne pas dire inquiétants : les échelles de notation sont souvent loin de réunir toutes les exigences pour établir des comparaisons ou calculer des moyennes, les écarts de notation d'une même copie corrigée par des correcteurs différents ou dans des conditions différentes sont presque toujours significatifs et il arrive au même correcteur d'attribuer des notes différentes à la même copie... Constats réitérés par des études plus récentes comme celle de Suchaut (2008), consignée sous le titre évocateur « La loterie des notes au bac », titre qui, lors de sa publication, ne manqua pas de susciter plusieurs réactions attendues ou inattendues.

Comme en témoigne la loi identifiée par Posthumus (1947), les enseignants ont, quel que soit le niveau initial des élèves, une propension à faire en sorte que les notes du groupe évalué présentent une distribution gaussienne, ce qui peut être interprété comme une façon de privilégier le choix de situer les élèves les uns par rapport aux autres dans un système de catégories « bons, moyens, faibles » plutôt que celui de situer chaque élève par rapport aux objectifs d'apprentissage.

Relevant notamment de la psychologie cognitive ou de la psychologie sociale, plusieurs travaux ont suivi et prolongé les premières analyses docimologiques et apporté de nouveaux éléments pour mieux connaître les processus à l'œuvre dans les pratiques d'évaluation. En la matière, l'effet Pygmalion[1] est certainement le phénomène le plus connu et le plus débattu. Pour sa part, la psychologie de l'évaluation scolaire, telle que la conçoivent Noizet et Caverni (1978), révèle, sur la base de protocoles expérimentaux fort judicieux, l'existence de processus produisant des

---

[1] L'effet Pygmalion désigne l'effet que produisent les attentes de l'enseignant sur la conduite scolaire et les résultats d'un élève. Cet effet est à rapprocher d'une prophétie autoréalisatrice. Intitulé *Pygmalion à l'école*, l'ouvrage de Rosenthal et Jacobson (1971) a largement contribué à la reconnaissance du phénomène.

effets significatifs sur la notation : effet de contraste qui conduit à noter différemment une copie selon le niveau des copies précédentes, effet d'assimilation aux notes antérieurement attribuées au même élève, effet d'ordre interne lié, pour la même copie, à l'ordre dans lequel apparaissent les réponses pertinentes et les réponses qui le sont moins ou sont erronées...

La reprise des travaux consacrés aux effets des caractéristiques des situations d'évaluation et des contextes qu'elles créent pour l'évalué nourrit particulièrement l'actualité. Dans la dernière décennie du xxe siècle, plusieurs études ont permis de renouveler la discussion quant à l'explication des performances scolaires, remettant à leur tour en cause l'idée selon laquelle les épreuves d'évaluation mesureraient des performances traduisant directement et fidèlement les acquis et les capacités des élèves. Lorsque le contexte induit une forte comparaison entre les bons élèves, ou réputés tels, et les élèves au parcours scolaire faible, ces derniers ont des performances inférieures à celles qu'ils atteignent dans une situation de non-comparaison. Créant des contextes différents au moment de la présentation d'une tâche à réaliser, Monteil (1998) montre que lorsque la même tâche est présentée comme un exercice de dessin, elle est mieux réussie par les élèves « faibles » que lorsqu'elle leur est présentée comme un exercice de géométrie, alors que les élèves « forts » réussissent mieux dans ce second cas de figure.

À la suite des résultats de Steele et Aronson (1995), nombre de recherches sur les effets de la menace du stéréotype sont à l'ordre du jour, mettant en avant l'histoire et la réputation du groupe social d'appartenance dans l'explication des performances scolaires. Comme le soulignent Désert, Croizet et Leyens (2002), le processus ne se réduit pas aux effets d'un état intériorisé d'anxiété, d'infériorité ou à une vulnérabilité sociale. Plusieurs expériences montrent que, selon qu'elle active ou pas la menace du stéréotype, la situation va donner lieu à des performances différentes chez les mêmes étudiants. Les performances les plus basses étant relevées dans le cas où l'étudiant ou l'élève est dans la situation de penser qu'il pourrait confirmer un stéréotype négatif dont fait l'objet son groupe d'appartenance. La pression évaluative est alors forte au point de générer un stress perturbateur de la mobilisation des ressources et des moyens, tant cognitifs qu'affectifs et émotionnels, adaptés à la réalisation de la tâche à accomplir. Confirmée par les résultats de plusieurs travaux déjà anciens ou en cours, l'existence du phénomène est difficilement contestable et quelques études exploratoires laissent à penser qu'il est aussi présent lors d'évaluations institutionnelles appliquées à une large population scolaire. C'est ce que tendent à montrer les résultats établis par Toczek (2005) selon lesquels, lors d'évaluations nationales, la nature des consignes données avant la réalisation des exercices peut activer la menace du stéréotype et moduler les performances des élèves en fonction de leur genre, filles et garçons étant l'objet de stéréotypes différents selon les disciplines scolaires considérées.

Sans viser à l'exhaustivité, les quelques références qui précèdent appellent la vigilance en matière d'interprétation des résultats de toute procédure d'évaluation des acquis des élèves. Si elles n'inclinent pas forcément à adopter un relativisme qui finirait par justifier le refus de toute évaluation, elles remettent en question nombre de certitudes, admises sans débat scientifique et social, qui ne sont pas sans conséquences, souvent négatives, en matière d'apprentissages, de carrière scolaire et d'orientation professionnelle.

Le débat est tout aussi nécessaire sur une autre réalité de l'évaluation non plus cette fois des élèves par leurs enseignants, mais des systèmes éducatifs, de leur fonctionnement, de leurs acteurs et de ce qu'ils produisent. Les résultats de l'évaluation sont alors censés guider les décisions politiques en matière de pilotage. L'attention croissante déclarée par les décideurs des politiques publiques d'éducation aux effets de la mise en œuvre des décisions de structuration, d'organisation, de réglementation du système scolaire et, bien sûr, de répartition des moyens au sein de ce système, révèle un changement important de choix en matière de régulation ; c'est ce que Félouzis et Hanhart (2011) nomment le passage « de la régulation par la qualification à la régulation par les *accounts*[2] ». Passage qui, en modifiant le principe de régulation, change conjointement les critères d'évaluation en valorisant surtout ce qui est considéré comme le produit, le résultat de l'éducation ou de l'enseignement mettant ainsi en retrait les critères liés à la profession, à ses pratiques, aux qualifications qu'elle reconnaît, à ses normes de savoir-faire telles qu'elles se sont progressivement constituées et sont valorisées par les enseignants et les personnels d'encadrement du système scolaire. Les campagnes nationales d'évaluation, la comparaison des établissements scolaires sur la base de la réussite aux examens, les comparaisons internationales avec leurs classements faisant l'objet d'une large diffusion médiatique illustrent bien le changement de perspective, changement que les usagers de l'école finissent par percevoir et adopter. Pour Félouzis et Hanhart, « l'évaluation est devenue bien plus qu'une mesure externe et *ex post* de l'action éducative, un outil de modelage de sa forme et de son sens ».

Ainsi, une telle évolution appelle un débat ouvert d'abord au sujet des attendus et des principes issus du nouveau management public[3] appliqués à l'éducation, ensuite au sujet de leur traduction telle qu'elle peut s'exercer dans les pratiques et les faits observés. Par exemple, avancer que ce que produisent les services publics d'éducation est mesurable mérite d'être précisé et ne peut se

---

[2] Les *accounts* renvoient au principe d'**accountability** selon lequel il s'agit de privilégier ce qui est considéré comme le résultat tangible de l'action éducative, de mettre en avant l'obligation de rendre des comptes (reddition des comptes) au sujet de ce résultat et d'en assumer la responsabilité.
[3] Le nouveau management public (NMP) consiste à mettre en œuvre dans le secteur public les références et les méthodes de management du secteur privé.

passer d'un examen critique : tout n'étant pas mesurable, que mesure-t-on pratiquement et que met-on à l'écart ? Comment assure-t-on la validité des indicateurs retenus ? Les procédures d'évaluation les plus maniables sont-elles les plus fiables ? Comment s'assurer que les performances identifiées à court terme vaudront pour les moyen et long termes ?

Mons et Crahay (2011) attirent notre attention sur plusieurs difficultés qui inclinent à la prudence des interprétations et à la défiance à l'égard de certaines conclusions trop hâtives. Assimilation fonctionnelle lorsque « des épreuves conçues dans une perspective pronostique ou diagnostique sont utilisées à des fins sommatives », agrégation discutable de résultats, réduction des objets évalués à ce qui est facilement quantifiable en se limitant souvent aux disciplines scolaires considérées comme principales, ce qui contribue à les survaloriser au détriment des autres, absence dans plusieurs cas de contextualisation des résultats par leur mise en regard avec les caractéristiques locales des familles et des établissements dans leurs environnements, limites des dispositifs statistiques utilisés sont autant de points à mettre au compte d'une indispensable discussion pour le moins méthodologique.

Reste également à s'interroger sur l'usage des évaluations et le niveau d'application de leurs résultats. Les auteurs soulignent que, curieusement, ce sont davantage les acteurs de terrain au sein des établissements et des structures locales et territoriales « que ceux en charge de l'élaboration des politiques éducatives qui sont la cible du mouvement de reddition des comptes ». Se référant à une étude de Mons et Pons (2009), ils font apparaître « l'ambivalence du politique » qui, en fonction des échéances électorales ou du calendrier des réformes, accentue ou au contraire restreint la communication de certains résultats, quand il n'en vient pas à avancer des résultats partiels au détriment de résultats plus assurés pour justifier un choix préalablement convenu. La façon dont en

France ont pu être retraduits et utilisés les résultats des travaux sur les effets de la taille des classes à l'école primaire en est une illustration (Bressoux et Lima, 2011).

Tant sur le plan de l'action pédagogique quotidienne de l'enseignant en classe, de l'action collective en établissement notamment lors de la préparation des bulletins de notes et des pratiques d'orientation que sur celui des examens nationaux, des comparaisons internationales ou encore des politiques d'éducation, plus que jamais l'évaluation est bien en passe de devenir le maître mot pour penser l'éducation et la scolarisation. A-t-on alors affaire comme le dénoncent Abelhauser, Gori et Sauret (2011) à une « nouvelle fabrique de la servitude » ?

Nul besoin d'insister sur la diversité des prises de position nuancées ou radicales qui s'expriment dès qu'il s'agit d'évaluation. Ne prenant pas le parti de l'alternative simplificatrice du « pour ou contre l'évaluation », le choix de consacrer une conférence de consensus à ce thème est d'abord une façon de se préserver de tout allant-de-soi et, dans un cadre certes limité, sans prétendre traiter toutes les questions, de contribuer au débat en créant un espace d'échange et de confrontation instruite pour, en un point d'étape, réunir les connaissances et les avis partagés sans ignorer les tensions et contradictions qui traversent l'action d'évaluer et ses pratiques dans le champ scolaire.

Marc Bru

TEXTE DE SYNTHÈSE DU JURY

L'ÉVALUATION, DE L'ACTE EXPERT DES PROFESSIONNELS DE L'ÉDUCATION À LA MÉGAMACHINE À PRODUIRE L'ÉCHEC SCOLAIRE

L'évaluation, un ensemble d'actes au cœur des métiers de l'éducation

Un professeur évalue, un inspecteur évalue, un chef d'établissement évalue (on est là dans l'individuel), mais n'oublions pas qu'un conseil de classe évalue aussi, qu'un jury d'examen évalue, qu'une commission d'entrée en CPGE[1] évalue (on est davantage là dans le collectif) : on pourrait continuer de dresser la liste de toutes les situations où tous les métiers de l'enseignement, de l'éducation, « produisent de l'évaluation », en font même un élément essentiel de leurs pratiques et on obtiendrait une suite très ample d'activités.

---

[1] CPGE : classe préparatoire aux grandes écoles.

Prise dans sa singularité, chacune de ces activités évaluatrices apparaît, de la part de l'évaluateur-bon-professionnel, comme pour l'évalué « connivent » (l'élève qui va lire les annotations de sa copie, pourquoi pas le professeur qui va considérer que le rapport de son inspecteur est autre chose qu'un rituel facilement creux ?), comme une opération intellectuelle et axiologique digne d'intérêt, en général fine, nuancée, consciente de sa signification propre, et tendue vers un effet clair et maîtrisé (faire comprendre à l'élève que telle compétence devra être retravaillée, décider du succès d'un candidat à un examen, admettre quelque impétrant dans une filière sélective parce qu'on pense qu'il y a ses meilleures chances, etc.). On a pu faire remarquer que parmi les articles de foi dont a besoin l'enseignant, il y a celui consistant à croire que la note qu'il attribue est juste : faisons précisément ici, artificiellement, comme si c'était le cas, et comme si en effet chaque professionnel exerçait au mieux, dans les meilleures conditions, cet ensemble d'activités qui font selon les moments de chacun d'entre nous un « évaluateur » dont l'activité prise séparément est parfaitement maîtrisée.

Notons toutefois au passage que, sous cette référence commune à des activités évaluatrices, se cachent – même pour une catégorie donnée de professionnels (un professeur, un inspecteur, etc.) – des activités en réalité extrêmement disparates dans leurs principes, leurs méthodes, et leurs enjeux : le même professeur peut se trouver à participer à une évaluation nationale, peut évaluer ses élèves dans le cadre d'une évaluation formative, peut le faire dans le cadre d'un « contrôle continu » pris en compte dans les moyennes et bulletins trimestriels, voire dans le calcul des points du brevet des collèges, siège en conseil de classe où vont se décider « passages » et redoublements, mais aussi orientations, le cas échéant contre le désir des élèves, sans parler de circonstances plus rares comme les conseils de discipline où il s'agit aussi d'« évaluer ». À détailler chacun de ces cas nous mettrions à nu une extrême complexité référentielle dont il n'est pas certain qu'elle soit ainsi posée en formation, pour chacun des maîtres.

L'évaluation, une machine qu'aucun opérateur ne maîtrise
L'ennui est que notre regard de professionnels de l'éducation en matière d'évaluation, même en conservant à titre méthodique l'hypothèse de sa qualité, de sa justesse, de sa conformité à des valeurs dont nous sommes prêts à rendre compte, s'exerce en fait de façon infiniment myope au sein d'un système invraisemblablement tayloriste : chacun intervient à un moment et d'un certain point de vue dans une longue chaîne qui s'appelle l'éducation d'un enfant et qui est, en partie au moins, une chaîne d'évaluation. Chacun fait jouer en bon petit soldat de l'évaluation les clés qui sont professionnellement les siennes aux différents moments où il est sollicité, qu'elles soient plus ou moins institutionnelles (un avis donné en conseil de classe sur des vœux formulés par une famille en termes d'études après la troisième, une décision de redoublement, etc.) ou disciplinaires (la note décernée suite à un « contrôle[2] », la validation d'une compétence du socle commun destinée à figurer dans quelque « livret personnel de compétences »), mais les plus conscients ne peuvent que constater qu'ils sont les acteurs involontaires d'un jeu qui les dépasse totalement, d'une extrême parcellisation des tâches digne des meilleurs moments des *Temps modernes*. La terrible chaîne avance, chacun fait son geste, accomplit sa tâche évaluatrice, il y a des rebuts, certes, mais, dans l'ensemble, la chaîne produit. La quantité est là, le contremaître voit sa commande livrée à temps. Vacances. Rentrée scolaire, puis, à nouveau, « Moteur ! ».

---

[2] Vocabulaire professionnel ? Venu d'où ? Où est dans le Code de l'éducation la définition juridique et pédagogique du « contrôle » ? Faut-il lire « évaluation » ? Faut-il accepter cette bouillie conceptuelle pour les chats, quand ces chats sont des élèves et des sujets de droit ?

Ce point n'est pas suffisamment perçu par ceux qui décrivent le système, alors qu'il pèse pourtant de façon lourde. Quelle que soit la qualité de l'intervention du regard évaluateur de chaque professionnel dans ses différentes fonctions, son activité, son jugement d'évaluation est aussitôt intégré, on pourrait dire « avalé » par tout un appareil évaluatif qui lui est largement inconnu et qu'en tout cas il ne maîtrise pas :

– La simple « note », par exemple, attribuée par un professeur à un élève et résultant d'une évaluation parfaitement calibrée, qui maîtrise le circuit qu'elle va suivre ? Elle « entre en moyenne », pour commencer, avec des notes sanctionnant dans la même discipline des acquis d'un tout autre type (exemple : différentes compétences en langues), puis avec des dizaines d'autres notes d'autres disciplines, elles-mêmes dénaturées par l'arithmétique au sein de calculs de moyennes générales. On est là dans la moyenne des non-sens, qui risque peu d'avoir du sens, mais qui trônera souvent dans les bulletins trimestriels, fera l'objet d'un regard synthétique en conclusion de beaucoup de conseils de classe et sur laquelle seront prises, en large partie, des décisions d'orientation qui décideront des destinées des élèves.

– Les professeurs des écoles, par exemple, qui prennent, avec la meilleure intention ponctuelle, une décision de redoublement pour un élève de l'école primaire à l'issue de l'année n, ont-ils conscience que lors de l'année n + x, en fin de seconde peut-être, cette décision ancienne servira souvent de prétexte à l'« orientation » de cet élève, dans un sens ou un autre, au motif qu'il aura un an de plus que les autres, an de plus qui sera évalué comme « an de trop » ?

– Des professeurs de collège qui, se fondant sur la maîtrise limitée de certains de leurs élèves dans les disciplines qu'ils enseignent, les « orientent » vers un enseignement professionnel qu'ils ignorent la plupart du temps, « par défaut », comme on dit, ne se sentent-ils jamais instrumentalisés par le dessein général d'un système qui les dépasse ?

– L'annotation même d'un professeur sur une copie, sur un bulletin, cette note même venant dans une ou plusieurs disciplines, toute l'année durant, casser l'image d'un élève qui va chercher dans tous les décrochages possibles la parade à l'humiliation, ne prend-elle pas une place, violente, non expressément voulue, non maîtrisée, dans une histoire individuelle de l'évaluation que l'école aurait pu écrire autrement ? Moins cruellement ? Plus intelligemment ?

– Il faudrait aller plus loin et voir que quand un principal de collège organise ses classes de sixième – se fondant sur des éléments d'évaluation fournis par l'école primaire, mais pas dans cette intention –, pour choyer une classe dite « bilangue », il va bien au-delà de ce qu'il croit faire et organise la stigmatisation négative d'une autre partie de ses effectifs. Et quand des logiciels d'affectation, reprenant les « résultats » communiqués par les professeurs, organisent de fait la sélection sociale dans les lycées, n'a-t-on pas l'impression que l'« évaluation » sert à tout autre chose que ce pour quoi elle était faite, et que des juristes parleraient sans doute de détournement de procédure ?

– Faut-il aller plus loin – citer la coexistence entre diplôme national du brevet (DNB) et validation du socle commun par le biais du « livret personnel de compétences », les livrets pour le baccalauréat et les dossiers à remplir dans le cadre du système Admission post-bac, les commissions de recrutement dans les filières sélectives – pour constater une étonnante carte d'évaluations où chacun apporte son concours vraiment parcellaire et relativement aveugle ?

On pourrait poursuivre longtemps et montrer à quel point, au sein d'une durée, au sens bergsonien, qui est celle d'une scolarité, l'institution éducative met en œuvre toute une gamme de rituels d'évaluation fragmentés, et d'une façon qui tient ses professionnels dans l'ignorance et l'irresponsabilité de l'ensemble. L'apparence est celle d'un fonctionnement impeccable, d'un traitement sans faille des flux, d'un visage juridique chaque fois préservé, d'une machine irréprochable, mais si nous prêtons une attention fine à tout cela, nous constatons que la machine n'est pas transparente : quelles données d'évaluation produites par quels professionnels utilise-t-elle dans quelles conditions et à quels moments pour produire quel type de conséquences individuelles et collectives ?

La part de la machine à évaluer dans la fabrique industrielle de l'échec scolaire

On ne peut pas décrire, à la suite aussi bien de rapports officiels, de travaux de chercheurs et de données tirées d'enquêtes internationales telles que Pisa, le système éducatif français comme éprouvant des difficultés particulièrement fortes à réduire certaines formes d'échec scolaire – manifestées par des taux de redoublement parmi les plus élevés du monde, par un caractère particulièrement inéquitable au plan scolaire, par des taux de sorties sans qualification extrêmement préoccupants, par des comportements caractéristiques d'élèves quand ils se sentent évalués – sans oser se demander si l'ensemble des pratiques d'évaluation en vigueur, collectives, individuelles, certificatives, formatives, restant dans le cadre de la classe ou débouchant sur des résultats livrés à l'administration, entraînant ou non des décisions portant sur la destinée des élèves, n'a pas en fait une part centrale dans la production résistante de l'échec scolaire en France. De façon même très triviale, on peut rappeler que l'« échec scolaire », cette notion si confuse théoriquement qu'elle devrait être refusée, ne prend forme et existence la plupart du temps qu'à l'occasion d'évaluations, par l'évaluation qui le nomme, le consacre et le traite en même temps.

Ce que l'on sait, et qui est préoccupant, c'est que les élèves français sont soumis à un parcours du combattant plus harcelant que dans la plupart des pays, fait de contrôles et d'évaluations, de la classe aux conseils de classe et aux décisions d'orientation, puis aux examens, et que ce parcours du combattant est celui au long duquel la mise en échec va faire peu à peu son œuvre pour trop d'élèves. Un système dont l'objectif inconscient reste de sélectionner plus que de former, ce n'est pas une surprise de retrouver cela à propos d'évaluation !

Nous n'avons pas la naïveté de prétendre que le thermomètre (l'évaluation) est cause de la maladie, mais nous savons trop par les psychologues expérimentaux quel effet de prophétie autoréalisatrice (effet Pygmalion) a l'évaluateur individuel sur celui qu'il évalue pour ne pas souhaiter que la question soit aussi posée, et sans doute plus vigoureusement de son côté par la recherche, au niveau du système dans son ensemble.

Roger-François Gauthier

ÉVALUATION PAR STANDARDS OU ÉVALUATION PAR TÂCHES COMPLEXES : QUELLES CONSÉQUENCES POUR L'ÉCOLE ?

Nous assistons aujourd'hui au développement de deux nouvelles logiques de l'évaluation : l'évaluation institutionnelle par standards et l'évaluation des apprentissages par tâches complexes. La première s'inscrit dans la nécessité pour le système éducatif de se doter d'un appareil de pilotage qui rende compte, suite aux études Pisa, de la performance des établissements scolaires

(Lafontaine et Blondin, 2004). La deuxième logique relève de la méthodologie pédagogique qui consiste à modifier la façon d'enseigner et d'apprendre.

L'évaluation institutionnelle s'est développée un peu partout en Europe et dans le monde. Elle est déterminée par un ensemble de standards explicités dans des référentiels comme le socle commun de connaissances et de compétences[3] de 2006, en France. Ces standards fixent des objectifs de résultats quantifiés qui permettent de classer les écoles et les pays. Ils orientent inévitablement les pratiques pédagogiques des enseignants vers l'application mécanique des savoirs et la vérification des connaissances au détriment d'une pédagogie socio-constructiviste. Ainsi, nous assistons, depuis 2000, à la mise en place d'une gouvernance centrée sur les standards, à l'irrésistible ascension de l'édumétrie et à un certain retour au behaviorisme (Meirieu, 2006).

L'évaluation par tâches complexes (Huver et Springer, 2011 ; Roegiers, 2010 ; Scallon, 2007), quant à elle, ne s'est pas implantée de manière aussi extensive. Elle a connu quelques développements dans le monde, par exemple au Canada, en Belgique, au Maroc... Dans ce nouveau cadre méthodologique, la notion de compétence est centrale. Il faut cependant bien comprendre que l'on parle d'une compétence élargie (Rey, Carette, Defrance, et Kahn, 2006) qui permet de résoudre en autonomie des familles de tâches complexes. Il ne s'agit pas d'une compétence réduite à la notion de compétence comme capacité cognitive standardisée susceptible d'automatisation. Même si différentes définitions de la tâche complexe existent, elles ont toutes pour point commun de rendre l'élève autonome à travers la mobilisation réfléchie de ressources lors de la résolution de tâches complexes. L'évaluation des compétences par tâches complexes ne cherche donc pas à certifier des connaissances standardisées, mais à accompagner qualitativement l'élève pour

---

[3] Ministère de l'éducation nationale, de l'enseignement supérieur et de la recherche. Le socle commun de connaissances et de compétences, 2006. *eduscol.education.fr*

améliorer le développement de ses apprentissages (Roegiers, 2010). Elle vise à réintroduire du sens dans les apprentissages, à doter les élèves d'outils d'analyse pour en faire des acteurs responsables et non des consommateurs d'école.

Nous sommes ainsi face à deux logiques difficiles à concilier. La finalité de l'évaluation institutionnelle est de recueillir aussi souvent que possible des statistiques permettant de classer des établissements alors que celle de l'évaluation par les tâches complexes est d'établir des appréciations collectives qui témoignent des progrès dans la durée. Elle ne peut se contenter de moments ponctuels d'évaluation standardisée. Ainsi, le rôle de l'enseignant est d'inventer des tâches complexes qui valorisent les processus de socialisation et d'évaluation qualitative des compétences. Il doit inéluctablement s'inscrire dans une logique de référentiali-sation (Figari, 1994 ; Longuet, Springer, 2012). Nous voyons bien que l'évaluation des compétences subit de multiples tensions : savoirs/compétences ; externe/interne ; performance/progrès ; quantitatif/qualitatif ; mesure/accompagnement.

L'entrée par les compétences devrait placer la réflexion sur le domaine des valeurs et du politique : quelle école se dessine derrière ces deux logiques ?

Si l'on fait pencher la balance vers les standards, ne risque-t-on pas de privilégier la recherche de l'excellence sélective à outrance et l'homogénéisation des pratiques pédagogiques ainsi qu'une pensée unique ? Les pays anglo-saxons, pionniers en matière de standards, montrent bien que l'évaluation institutionnelle a pour finalité de récompenser les bons établissements, les bons enseignants et de stigmatiser les autres. La Belgique, quant à elle, a mis en place un pilotage par standards au début des années 2000. Elle propose cependant en parallèle des outils pédagogiques pour concevoir et évaluer des tâches complexes. Ainsi, les enseignants belges sont aujourd'hui sensibilisés essentiellement à l'évaluation institutionnelle externe qui s'impose à eux. Ils ne peuvent donc que difficilement mettre en œuvre la démarche par tâches complexes bien que les outils soient mis à leur disposition sur le site du ministère[4]. L'insistance sur l'évaluation externe par standards se fait au détriment d'une évaluation qualitative des progrès d'apprentissage, pourtant nécessaire aux enseignants, aux élèves et aux parents.

Par contre, si l'on fait pencher la balance vers l'évaluation par tâches complexes, on s'inscrit dans un projet de société visant à former de futurs citoyens critiques et autonomes. Les valeurs citoyennes, sociales, démocratiques sont alors au cœur de ce modèle sociétal dont l'objectif est d'accompagner plutôt que de sanctionner. Ne peut-on envisager que l'évaluation qualitative des compétences informe aussi sur les acquis en formation et par conséquent sur l'état du système ? La question fondamentale que nous avons à nous poser se situe bien non pas au niveau technique, mais au niveau des valeurs. Peut-on encore ignorer que l'évaluation standardisée implique la marchandisation de l'école ?

Frédérique Longuet

DE LA MESURE AU JUGEMENT PARTAGÉ ?
PROCESSUS, ÉLUCIDATION, ÉMANCIPATION

L'acte d'évaluer – ou l'évaluation en tant que pratique – comprend une tension qui lui est inhérente, entre le formatif et le sommatif, autrement dit entre évaluation entendue comme levier des apprentissages et évaluation comme outil de sélection, voire de classement, tant au niveau micro (élèves, enseignants) qu'au niveau méso (classes, établissements) ou macro (politiques éducatives, systèmes éducatifs).

[4] Ministère de la Fédération Wallonie-Bruxelles. Outils d'évaluation Primaire.
www.enseignement.be/index.php?page=25264&navi=2454&rank_navi=2454

Au cœur de cette tension réside la question de la mesure, et plus précisément celle du rapport entre mesure et évaluation. La pratique récurrente de l'évaluation chiffrée, qu'elle soit quantifiée par une note, comme c'est le plus souvent le cas dans la classe, ou hors la classe, par des pourcentages, des classements, etc. semble associer la notion de mesure à celle d'évaluation, conception pourtant implicite et loin d'être uniformément partagée.

L'évaluation comme concept

Gérard Figari fait ainsi observer que la pratique chiffrée est source d'illusion, et qu'elle masque des choix (quand évaluer signifie d'abord attribuer un jugement de valeur), parfois théoriquement infondés, voire arbitraires. Il existe donc une autre approche possible de l'acte d'évaluer, qui, sans chercher nécessairement à se substituer à la précédente, permet de (re)penser l'évaluation, et de lui restituer sa dimension anthropologique. Il s'agit de remettre ici en cause la notion d'exactitude, au profit de celle de pertinence conceptuelle.

Selon Figari, les orientations de la pratique évaluative sont susceptibles de receler un certain nombre de concepts cachés, concernant les différents niveaux de l'évaluation, que l'on peut exprimer en termes dichotomiques, comme subjectivité/objectivité, norme/jugement, positivisme/naturalisme, etc. Ces concepts, qui opèrent d'une manière souterraine, doivent être révélés, pour laisser place à une construction théorique à même de mieux restituer – et partant, de mieux prendre en compte – la complexité de l'évaluation. Ainsi, l'élaboration conceptuelle qui conduit à la notion d'objectivation permet-elle, par exemple, de tenir ensemble les deux termes du couple objectivité/subjectivité.

La notion de référentialisation :
fonder des valeurs et/ou formuler un jugement ?

Cette élaboration théorique se traduit par un ensemble de notions en interaction et devient ainsi fondatrice d'une évaluation pensée comme processus. Figari parle ainsi d'une chaîne de concepts qui président aux choix modélisateurs de l'évaluation et remplissent les fonctions de référentialisation, entendue comme réajustement permanent et non comme méthode figée : il est ici question de référentialisation (en acte) et non de référentiel (fixe). On retrouve également cette idée de chaîne chez Jean-Marie De Ketele, avec la notion d'opérations enchaînées dans un raisonnement.

La référentialisation ne fonctionne cependant pas comme une boucle fermée, et l'évaluation n'a de sens qu'au regard des exploitations qui constituent en réalité sa finalité première : pour Martine Rémond, l'évaluation n'est rien sans l'analyse et, pour Léopold Paquay, l'intérêt du jugement de valeur réside dans sa visée. Toutefois, l'évaluation n'a pas toujours pour objet la formulation d'un jugement et pose tout autant la question des valeurs qui l'accompagnent, susceptibles aussi bien de la précéder, que de lui succéder (c'est-à-dire de constituer en valeur les éléments qu'elle aura, de fait, reconnus).

La question du jugement

Ce jugement est lui-même à prendre dans une double acception : Lucie Mottier Lopez distingue ainsi la notion d'*accountability* (reddition de comptes) qu'elle associe à la culture des gestionnaires, de celle d'*improvement* (développement) qu'elle associe à la culture enseignante ; de même, Léopold Paquay oppose les notions de bilan sommatif, susceptible de constituer un verrou dans la formation, et de régulation formative, susceptible au contraire de servir de levier de la formation.

La conceptualisation de ce couple dichotomique conduit à la définition de l'évaluation comme jugement de valeur, mais en référence à un processus institué (Barbier, 1985). À partir de l'exemple de la formation des enseignants (transférable à d'autres contextes), Paquay montre que ce processus concerne nécessairement un double développement opératoire et identitaire du sujet, dont l'un peut être évalué, tandis que l'autre ne peut qu'être décrit, bien que tous deux soient liés.

Les conditions d'un rapprochement possible entre cultures sur le thème de l'évaluation résident donc dans la volonté de part et d'autre de formuler un jugement partagé, seul susceptible de permettre la rencontre entre évaluation externe et autoévaluation, autrement dit un partage entre évaluateurs et évalués, dans une perspective simultanée d'élucidation et d'émancipation.

Catherine Delarue-Breton

ÉVALUER *VS* DÉVALUER

Éducation, évaluation, compétences : une approche managériale ?

La présence récente, dans le domaine de l'éducation, du paradigme de la fonction de production importé du monde de l'entreprise introduit une dimension managériale dont témoigne l'irruption, sur la scène scolaire, de la notion de compétence. Cette doxa issue du monde anglo-saxon trouve son aboutissement dans la logique de l'évaluation qui permet, selon un mode binaire, de déterminer si un élève est ou non compétent en termes de savoirs, de savoir-faire ou de savoir-être dans un domaine plus ou moins vaste et d'évaluer sa capacité à réaliser une microtâche ou une macrotâche, fragmentée en sous-unités. L'idéologie liée à l'atteinte d'objectifs et à la reddition de comptes, lorsqu'elle est transposée dans le champ de l'éducation et de ses pratiques, tend à conduire l'enseignant à poursuivre des objectifs traductibles en résultats quantifiables. Sous la pression des évaluations internationales[5], les systèmes éducatifs de différents pays européens sont soumis à des contraintes dont il convient d'interroger la relation avec les apprentissages. En effet, leur opérationnalisation se révèle souvent éloignée des enjeux pédagogiques de l'évaluation formative. Dans le champ de l'école et de l'enseignement, la question de l'évaluation et de ses enjeux rencontre des oppositions entre mesure, évaluation, norme et jugement, d'une part, inflation évaluative et temporalité des apprentissages, d'autre part.

Mesure, évaluation, norme et jugement

Le parcours scolaire de l'élève et son orientation sont déterminés par la somme des évaluations auxquelles il est régulièrement et de plus en plus fréquemment soumis au cours des années passées sur les bancs de l'école. Or, cette addition d'évaluations produit des résultats objectivés par la mesure qu'ils instituent a priori en norme de jugement. On voit à quel point la tension est forte entre le principe positiviste de l'évaluation axée sur la mesure et le quantitatif et le principe de l'évaluation formative fondée sur une approche naturaliste, qualitative, descriptive et compréhensive. Ainsi l'hégémonie actuelle de l'édumétrie et de la production effrénée d'indicateurs confère à la mesure un statut de scientificité, qui rend prégnant le risque d'un jugement de valeur se repliant sur la mesure et se confondant avec elle.

[5] L'évaluation internationale Pisa *(Programme of International Student Assessment)* a été élaborée par l'OCDE (Organisation de coopération et de développement économiques) par des économistes qui imposent les règles du marché mondial.

Évaluer relève d'un processus d'interprétation censé évacuer la subjectivité. Or, la neutralité de l'évaluation peut sonner comme un paradoxe, puisque évaluer consiste à donner une valeur à ce qui est historiquement et socialement construit et possède donc un caractère subjectif. C'est aussi la raison pour laquelle, dans cette perspective, l'évaluation extérieure et standardisée peut permettre, en certaines circonstances, de porter un regard différent sur les performances des élèves, susceptible de rétablir ponctuellement un traitement d'équité, une équité parfois mise à mal par les inévitables a priori des enseignants. Certaines études de psychologie sociale ont ainsi montré le rôle des évaluations internes et conclu à la supériorité des évaluations externes susceptibles d'écarter la menace du stéréotype.

La question « objectivité vs subjectivité » se retrouve dans la fonction de contrôle et de jugement qui est de la responsabilité de l'évaluateur. Le jugement scolaire, toujours biaisé par un ou plusieurs facteurs (prévalence d'un critère par rapport à d'autres, priorités diverses…), est en effet à l'origine de dérives à prendre en compte. Le choix évaluatif ne s'appuie sur aucun fondement théorique, mais sur un concept pragmatique, de sorte que l'évaluation ne puisse être réduite ni au jugement ni à l'instrument ; ce doit être une action qui obéit à des conceptualisations ayant des fonctions de référentialisation afin qu'élèves et enseignants partagent et coconstruisent des critères de référence communs. Ainsi se trouverait limitée l'influence des producteurs d'indicateurs dans leur jugement de l'atteinte ou non des objectifs visés. L'inflation de l'évaluation et du pilotage normatif entraîne une perte de sens des activités. L'évaluation, instituée en norme unique de l'activité, peut faire oublier que l'enseignement et l'apprentissage ont une autre fin que l'évaluation.

L'inflation évaluative

Chronophage, l'inflation évaluative est peu productive et induit un surcoût en contraignant à un double travail qui consiste pour partie à produire des signes de conformité aux critères d'évaluation élaborés par les experts. Elle conduit à interroger certains des effets de l'évaluation, dont on peut se demander si elle ne produit pas parfois l'inverse de ce qu'elle proclame, soit une moindre « efficience[6] ». Celle-ci se traduit notamment par l'engouement pour les tests qui va conduire certains enseignants à entraîner mécaniquement leurs élèves afin de leur faire réussir des tests standardisés *(learning to the tests)*. Or, l'évaluation est judicieuse si elle prépare à une décision d'ordre pédagogique et la pression sur les résultats ne recouvre aucun sens si elle n'est pas accompagnée de la mise à disposition de ressources pédagogiques et didactiques, à destination des élèves, comme des enseignants.

L'un des risques de l'« évaluationnisme » concerne la méprise sur les vrais enjeux de l'enseignement et de l'apprentissage. La gestion de la temporalité et de la place accordée aux savoirs et aux connaissances s'inscrit dans un espace d'interdépendance entre objets, processus d'apprentissage et contraintes évaluatives, au détriment, notamment de la culture générale. Évaluer consiste à la fois à juger[7] et à donner une valeur à partir de la subjectivité – constitutive de la dimension éducative – d'où le jugement de valeur qui remet en question l'apparente neutralité de la note ou du processus d'évaluation. Celui-ci produit en effet des informations et des valeurs, lesquelles demandent à être objectivées afin de procéder à une construction de sens.

Brigitte Marin

---

[6] Le terme d'efficience est ici emprunté au vocabulaire des économistes.

[7] Cette polysémie constitutive de la notion même d'évaluation et de l'acte de notation est particulièrement lisible dans la langue allemande : le verbe *beurteilen*, qui signifie à la fois juger, évaluer et noter, y admet pour synonymes les verbes *bewerten* (donner une valeur) et *benoten* (donner une note). Le jugement de valeur (*Werturteil*) se trouve ainsi au cœur du processus d'évaluation/dévaluation.

ÉVALUATION ET FORMATION

L'évaluation est au cœur des systèmes éducatifs et a pris une place de plus en plus importante depuis que des évaluations internationales comparent et classent ces systèmes. Lorsque l'on s'intéresse au champ de l'évaluation scolaire, comme nous l'avons fait dans le cadre de cette conférence de consensus, ou lorsque l'on recherche des travaux autour de cette question, on est souvent confronté à deux entrées spécifiques :
– l'évaluation en situation d'enseignement-apprentissage ;
– les pratiques d'évaluation en milieu scolaire et leurs effets sur les élèves.

Pléthore de travaux ou de documents institutionnels sont produits autour de cette question centrale de l'évaluation et il n'est pas toujours facile de s'y retrouver. Néanmoins, dans la première entrée, se dégagent plusieurs définitions selon que l'on se place d'un point de vue pédagogique, institutionnel ou scientifique (psychologie cognitive, sciences de l'éducation, docimologie...).

On distingue généralement trois formes d'évaluation à l'école suivant les finalités pédagogiques de l'enseignant.
– L'évaluation diagnostique a pour objectif principal de permettre d'observer les compétences et d'apprécier les réussites, ainsi que les difficultés éventuelles des apprenants, considérés individuellement, à un moment précis de leur apprentissage. Elle leur fournit ainsi des repères pédagogiques pour organiser la suite des apprentissages.
– L'évaluation formative, entièrement intégrée à l'apprentissage, intervient avant, pendant et après le cursus de formation.Centrée sur l'élève, elle mesure ses résultats en fonction d'objectifs opérationnels.

– L'évaluation, dite sommative, s'effectue en fin d'apprentissage ; elle permet d'estimer les connaissances acquises de l'apprenant, d'en faire un inventaire.

On trouve également bon nombre d'écrits sur l'évaluation par les compétences qui est aujourd'hui au cœur des débats dans de nombreux pays. Au-delà des différentes définitions du terme « compétence », cette vision de l'évaluation n'est pas sans conséquences sur les divers systèmes scolaires puisqu'elle a favorisé l'émergence de programmes d'étude (curricula) orientés explicitement vers l'acquisition de connaissances exprimées en termes de compétences à acquérir dans de nombreux pays.

D'un point de vue institutionnel, l'évaluation est l'une des missions des maîtres inscrite dans le Code de l'éducation. Sur le site Eduscol, il est précisé que « pour concevoir son enseignement et apporter les aides nécessaires à la réussite de tous, chaque enseignant doit pouvoir apprécier ce que chaque élève sait et quelles sont ses lacunes. Il doit également pouvoir présenter ce bilan d'apprentissage aux parents, régulièrement et objectivement ». La direction générale de l'enseignement scolaire propose à l'attention des enseignants de la maternelle au lycée un ensemble d'activités pour les aider à évaluer les acquis des élèves. Par ailleurs, des évaluations institutionnelles sont conduites chaque année afin d'établir un état des lieux des connaissances des élèves à des moments clés du cursus scolaire.

Devant l'inflation des évaluations et la dérive de l'« évaluationnite[8] », certains chercheurs dénoncent les retombées négatives sur les élèves et l'impact social discriminant des notes (Butera, 2011). Ils proposent d'autres formes d'évaluation ou appellent à une réponse politique globale au niveau de la structuration de

---

[8] Terme introduit par P. Frackowiak dans un texte publié sur le site du Café pédagogique en 2009 « Les trous noirs de l'évaluationnite ».

l'enseignement. André Antibi, qui dénonce depuis de nombreuses années « la constante macabre », propose un système alternatif d'évaluation évitant cette pratique et la sanction violente des élèves, le système d'évaluation par contrat de confiance (EPCC). Ce système d'évaluation repose sur un principe de coordination entre l'enseignant et ses étudiants.

Face à toutes ces questions et problématiques autour de l'évaluation, on peut légitimement s'interroger sur la façon dont les enseignants sont formés à évaluer les élèves car, comme le dit si bien Perrenoud, « Le progrès passe par une formation et une expertise plus pointues des enseignants évaluateurs, inséparable d'une formation à travailler par situations[9]. » Il semble hélas que cet apprentissage de l'évaluation n'ait pas de place reconnue dans les dispositifs de formation proposés aujourd'hui dans le cadre des masters d'enseignement des différentes universités françaises. Aucune UE n'intègre spécifiquement la question de l'évaluation, ce qui ne signifie pas qu'elle est absente de ces dispositifs, mais qu'elle se trouve traitée de manière contingente par les formateurs. Dans les UE qui préparent à l'épreuve d'admission du concours de professeur des écoles, le travail autour de l'élaboration de séquences d'enseignement en mathématiques et en français ne fait vraisemblablement pas l'impasse sur l'évaluation, qui est souvent proposée comme dernière séance clôturant la séquence.

Alors que préparer à évaluer devrait être un élément central de la formation initiale des enseignants, ce module n'est que très rarement pris en charge dans ce cadre et se retrouve plus généralement proposé dans celui de la formation de terrain dont bénéficient les enseignants durant leur carrière. L'évaluation est alors travaillée dans un cadre institutionnel qui n'est pas neutre d'un point de vue professionnel. Les outils d'évaluation proposés

[9] *L'Éducateur*, n° spécial « La note en pleine évaluation », mars 2004, p. 8-11.

sur le site du MEN sont adressés directement aux enseignants, sans réel accompagnement professionnel. On peut légitimement se demander comment un professeur débutant s'empare de ces outils et les rend opérationnels dans sa pratique.

Des chercheurs, comme Lucie Mottier Lopez, pensent qu'il faut placer l'évaluation au cœur du développement professionnel des enseignants et dégager collectivement des éléments susceptibles de relever d'une culture commune en évaluation des apprentissages, tout en considérant le caractère foncièrement clinique et situé du jugement professionnel. Ils proposent d'expérimenter une pratique de modération sociale afin de réfléchir au jugement professionnel en évaluation des apprentissages des élèves.

Il est temps de promouvoir une réelle formation des enseignants à l'évaluation, car, au-delà du levier de développement professionnel que cela représente, c'est aussi un facteur d'équité scolaire et sociale pour tous les élèves.

Nathalie Sayac

POSITIONS IDENTITAIRES ET
TENSIONS DE L'ENSEIGNANT ÉVALUATEUR

L'évaluation tient une place centrale dans le système éducatif. Elle est au cœur de la pratique des enseignants et fait sens pour la nation quant à l'usage qu'ils en font tout au long des parcours des apprenants. Depuis quelque temps, de par sa légitimité, son poids, sa consistance, le politique s'en est emparé, en a élargi le champ d'application tout en maintenant sa présence dans la sphère du monde éducatif. S'invitent alors sur la place publique et se percutent à la fois le projet de réforme sur l'évaluation des enseignants, les discussions sur l'intérêt de conserver les formes actuelles du baccalauréat, les débats sur la place de la France dans l'économie des connaissances avec les résultats de l'enquête Pisa ou le classement de Shanghai. Ce brouillage médiatique perturbe fortement les enseignants, car il exerce une pression constante sur eux, et surtout parce qu'ils craignent une instrumentation due à la polysémie de l'évaluation, pour des fins autres que la volonté de réduire l'échec scolaire, comme celles de diminuer les moyens d'enseignement, d'imposer subrepticement une autre politique éducative, de remettre en cause des prérogatives acquises, de changer leur statut ou leurs missions.

La conférence de consensus, « L'action d'évaluer et ses pratiques dans le champ scolaire », permet de réinterroger les rôles, fonctions et finalités de l'évaluation en fournissant une assise à la fois théorique et pratique à celle-ci. La pluralité des regards et des analyses portées à notre connaissance par les chercheurs ont permis de mettre au jour des concepts, un vocabulaire partagé et des représentations communes. Leurs interventions ont nourri notre réflexion sur les divers aspects de l'évaluation. L'objet de ces croisements a permis de mieux identifier sa place et de cerner plus précisément les différents discours actuels tenus sur celle-ci.

L'évaluation s'est totalement banalisée au fil du temps, au point de faire partie intégrante des missions des enseignants jusqu'à relever aujourd'hui de l'obligation professionnelle. Elle fait partie des outils et des moyens dont disposent les enseignants au quotidien et les façons de l'utiliser sont à l'initiative de l'enseignant, selon les besoins et les nécessités, en concordance avec le principe de la liberté pédagogique qui lui est accordée en France. Cette autonomie repose sur un contrat de confiance de l'institution dans la capacité et l'aptitude de l'enseignant à mobiliser les moyens d'évaluation idoines. Cette « qualité évaluative » de l'enseignant repose en partie sur l'idée fortement ancrée que lorsqu'on devient enseignant, *de facto* on possède un don d'évaluateur et qu'une inspection de sa hiérarchie pédagogique d'une heure tous les cinq ans environ suffit à évaluer sa persistance.

La légitimité implicite de l'évaluateur, sa liberté dans l'action évaluative et le contrôle ténu de la tutelle pédagogique coexistent depuis de nombreuses années malgré toutes les réformes et font partie du ciment de l'identité et de la posture de l'enseignant. Aussi, la publication de l'arrêté sur le cahier des charges de la formation des maîtres est-elle apparue comme attentatoire à cette liberté accordée à l'enseignant et jugée offensante concernant « sa qualité et sa capacité évaluative ». Au-delà du caractère prescriptif de la démarche qui a fait largement débat, la présence d'une compétence entière nommée « Évaluer les élèves », parmi les compétences professionnelles, a été perçue comme une volonté de recadrage plutôt que comme une explicitation objective des attentes institutionnelles. Le prescripteur des textes définissant à la fois l'objet évaluation, mais aussi le sujet évaluateur caractérisé par des capacités, des attitudes et des compétences, a créé un faisceau de tensions atteignant l'enseignant dans son identité professionnelle. Croisé avec le dessein de sa hiérarchie de modifier le processus, les acteurs et les indicateurs de l'évaluation de l'enseignant, l'impact sur son identité professionnelle s'est trouvé exacerbé.

Concernant les prochains acteurs en présence, l'enseignant, évaluateur légitimé, en position d'évalué, pose la question au sujet de son futur évaluateur, que sera son chef d'établissement, de « l'autorité pour évaluer » en désirant lever l'ambiguïté de sa polysémie. Certes le chef d'établissement représente l'autorité, il est également l'autorité, mais fait-il autorité pour la chose scolaire en proximité avec les apprentissages ? Son intrusion dans l'évaluation de l'enseignant est surtout perçue comme une tentative de contrôle avec des finalités managériales et d'encadrement.

Plus généralement, l'enseignant sait que l'évaluation ne se réduit pas à une pratique et, comme nous le rappelle Gérard Figari dans son intervention, l'évaluation est un ensemble de concepts qui se combinent entre eux pour faire « une construction conceptuelle » d'une démarche qui prend alors un sens donné. La question centrale de l'enseignant concernant son évaluation et la guidance de sa pratique évaluative se porte alors sur le fondement du choix évaluatif. Dans les volontés de changement, dans ces redéfinitions des évaluations, l'enseignant se demande quelles seront les parts que l'on accordera à l'évaluation institutionnelle qui donne les orientations politiques, les modèles de sociétés, celle que l'on cédera à l'évaluation scientifique sur les différentes fonctions de l'évaluation, celle que l'on attribuera à l'évaluation pédagogique pour la conduite des apprentissages...

Ces mises en tension successives ont eu quelques avantages, en permettant à l'enseignant et à la communauté éducative de requestionner l'évaluation, en l'interrogeant à tous ses niveaux d'intervention et en repérant les diverses formes qu'elle peut prendre comme celles d'une production, d'un matériau, d'un outil, d'un moyen, d'une modalité, d'une pratique, d'un levier...

Jean-Luc Passin

L'ÉVALUATION COMME MESSAGE

L'évaluation est certes une reconnaissance et une attestation des acquis, mais l'évaluation est aussi – avant tout ? – un acte de communication, ce qui nous semble ressortir de cette conférence de consensus. Cet acte de communication est un feedback, c'est-à-dire une information fournie en retour à un (ou à des) tiers indiquant la pertinence de l'activité par rapport au but poursuivi. Considérée ainsi, l'évaluation comprend un émetteur, un ou plusieurs destinataires et un contexte ; ce qui pose alors la question fondamentale : « Qui dit quoi, à qui, par quel canal, avec quels effets ? » (Lasswell, 1948).

Dans un premier temps, cette conception amène à considérer l'émetteur (l'enseignant dans la plupart des cas) en s'interrogeant sur les « fondements théoriques et conceptuels de ses choix évaluatifs », nous dit Gérard Figari. Or, ces fondements conceptuels sont souvent implicites et peu rationnels (selon les recherches en psychologie cognitive). Les choix évaluatifs (instruments, critères…) se font à partir de la prise en compte de concepts qui sont, selon ce chercheur, soit cachés, soit pragmatiques, soit revendiqués et qui gagneraient à être considérés dans une chaîne conceptuelle la plus explicite possible.

Il faut alors considérer l'évaluation dans un contexte de communication spécifique qui est celui de l'apprentissage, comme nous le rappelle Martine Rémond, avec ses enjeux et ses contraintes : délimiter l'objet à évaluer (ce sur quoi porte le message), car on ne peut tout évaluer à la fois, étant donné la complexité cognitive d'une tâche d'apprentissage. Et si l'on évalue « pour » l'apprentissage, alors on doit se demander comment l'évaluation est reçue par l'élève et quelle information elle fournit par rapport à l'apprentissage visé.

Il est intéressant de noter ici que la réception du message évaluatif par l'élève, et par conséquent l'effet de ce message, fait l'objet d'études internationales, mais pas françaises. Ces études montrent que la notation est considérée comme un message peu utile à l'apprentissage (Lipnevitch et Smith, 2009) et que les appréciations objectivées fournissent plus d'informations permettant donc un meilleur engagement, une meilleure motivation chez le récepteur du message.

Léopold Paquay pose justement la question des effets de l'évaluation dans le contexte de la formation des enseignants : les effets sont-ils positifs ou pervers ? Est-ce un levier ou un verrou ? Quelles sont les conditions qui rendent le message mobilisateur, engageant, pour celui qui le reçoit ? Il rappelle qu'une évaluation a des effets positifs lorsque le processus est l'affaire de tous, que l'évaluation ne semble pas provenir strictement de l'extérieur et que le récepteur est lui aussi impliqué dans le processus évaluatif. Citant Stufflebeam, Léopold Paquay nous rappelle les conditions à réunir pour que le sujet s'implique : une définition claire des objectifs et des référents, la transparence des procédures et l'inscription dans un processus élargi, notamment.

Jean-Marie De Ketele nous invite aussi à nous intéresser au contenu de ce message : sur quoi porte-t-il ? Quelle est la tâche d'apprentissage de référence ? Quels apprentissages sont visés par la tâche ? Le message peut, en effet, porter sur différentes connaissances selon les tâches d'apprentissage : des connaissances déclaratives (savoir restituer des connaissances), des connaissances procédurales (application scolaire), des savoir-faire de base en contexte (application habillée) ou un véritable traitement de la situation (dans une tâche complexe).

Lucie Mottier Lopez, quant à elle, restitue l'évaluation au sein de relations interpersonnelles, dans un contexte collectif, lorsqu'elle parle de « culture de l'évaluation ». Elle nous invite à « penser l'évaluation en tant que système et sous-système par rapport à des niveaux de contextes inter-reliés : la classe, un établissement, une région, un système éducatif ». Il est alors nécessaire, afin de mieux comprendre ce qui se passe, « d'appréhender la perception et le vécu subjectif des personnes », de considérer cette communication dans le cadre d'une culture partagée ou pas suffisamment partagée. Cette notion de culture de l'évaluation permet ainsi d'approcher à la fois les représentations des personnes impliquées dans le message évaluatif, mais aussi le contexte dans lequel elles sont situées.

Tous les intervenants de la conférence de consensus ont insisté sur le fait que l'évaluation est un processus qui ne se réduit ni au jugement de l'émetteur, ni à l'instrument qu'il a construit, mais qui s'inscrit bien dans une communication comprenant des interlocuteurs, leurs intentions et un contexte.

Corinne Demarcy

VALEURS DES APPRENTISSAGES

Le court texte qui va suivre s'inscrit dans les marges des communications de la conférence de consensus sur l'évaluation. Il est le résultat d'une réflexion liée à l'observation d'une leçon d'éducation physique et sportive en janvier 2012. L'évaluation de l'activité des élèves y est appréhendée de deux manières différentes. La tâche complexe qui est demandée aux élèves fait, pour eux, l'objet explicite de l'évaluation de l'enseignant, selon le principe présenté par Jean-Marie De Ketele. Pourtant l'enseignant évalue simultanément un apprentissage implicite, de nature sociale, celui du « vivre ensemble » au sein de l'espace et de la communauté scolaires. C'est cette réflexion que nous livrons ici, accompagnée de toutes les questions qui, pour nous, restent en suspens.

Dans le cadre de sa programmation annuelle d'activités, un collègue avait organisé, pour sa classe de 4e, un cycle de gymnastique aux agrès (poutre, barres asymétriques, barres parallèles). Lors de la première leçon il avait mis en place une évaluation diagnostique visant à déterminer le niveau exact de chacun de ses élèves sur les différents appareils. Cette évaluation purement « technique » s'étant bien déroulée, il avait ainsi pu programmer, pour chacun des groupes de niveau de réalisation qu'il avait déterminés, un ensemble d'éléments gymniques à travailler. Chaque élève devait composer sur un appareil de son choix un enchaînement à partir des éléments gymniques fournis par l'enseignant. L'évaluation sommative ainsi que les critères d'évaluation qui lui sont associés avaient été explicités aux élèves dès la première leçon ; la date de sa mise en œuvre avait été fixée à la fin du cycle. La valeur des apprentissages visés ne faisait aucun doute. Il s'agissait d'augmenter le pouvoir moteur des élèves, de les aider à mieux maîtriser leurs émotions, de participer de manière active à la sécurité d'autrui… À première vue, rien d'extraordinaire. Un cycle de gymnastique parmi tant d'autres, tel qu'il est possible d'en observer un chaque jour en France.

Cependant, lors de l'entretien qui suivit l'observation, le collègue nous affirma que son objectif principal ne se situait pas là. Il dit avoir constaté, lors des moments de regroupement (appel, interventions adressées à l'ensemble du groupe) une division de sa classe en groupes communautaires. Les élèves chinois se plaçaient les uns à côté des autres et constituaient ainsi un groupe. Les élèves aux ascendances africaines faisaient de même… Quatre groupes étaient ainsi clairement repérables dans la classe. D'autre part, au sein de chaque groupe, filles et garçons se séparaient. Les filles occupaient les premiers rangs tandis que les garçons se rangeaient derrière. Cette répartition des groupes dans l'espace et selon la communauté d'appartenance transformait la classe en une figure géométrique particulière. Les filles d'un premier groupe communautaire se retrouvaient à côté des filles d'un second groupe communautaire tandis que les garçons faisant partie du premier groupe se situaient, pour ce qui les concerne, à côté des garçons appartenant au second groupe.

Face à ce constat le collègue se fixe comme axe principal de son projet pour la classe le fait d'apprendre à vivre et travailler ensemble. Les contenus d'enseignement qu'il conçoit et met en œuvre ainsi que l'organisation spatiale, temporelle et humaine concourent pour lui à l'atteinte de cet objectif. Le « vivre et travailler ensemble » ne remplace pas ou ne fait pas disparaître le « constituer un enchaînement de quatre éléments… », mais a priorité sur lui. Pour le collègue, la valeur des apprentissages liés à ces deux objectifs ne saurait être placée sur le même plan. Il donne davantage de valeur aux apprentissages en relation avec le « vivre ensemble » qu'à ceux qui permettent une réalisation motrice particulière. Telle est du moins sa position en termes de discours. Car dans la réalité, ce même collègue n'a jamais évoqué avec ses élèves cette évaluation portant sur les relations au sein du groupe classe. Il n'a donc pu définir avec ces mêmes élèves des objectifs relationnels à atteindre en fin de cycle de gymnastique ou au-delà en fin d'année.

Il a néanmoins mis en place une organisation de la classe qui vise à faire en sorte que les élèves soient obligés d'entrer en contact et d'échanger des informations. Il a ainsi fait « éclater » les groupes communautaires, mais a conservé la séparation garçons/filles au prétexte qu'elle est liée à l'activité culturelle. Les garçons évoluent sur les barres parallèles tandis que les filles travaillent sur la poutre ou aux barres asymétriques. Dans chacun des groupes de genre il a constitué des binômes, chacun des membres du binôme étant issu d'une communauté différente. Le travail de chaque élève consiste alors à aider l'autre à parfaire la réalisation des éléments de son enchaînement à partir d'une feuille sur laquelle figurent les critères de réalisation de chacune des figures. Il s'agit donc non seulement d'évaluer la production de son partenaire, mais également de lui communiquer les informations qui paraissent les plus à même de faire évoluer positivement cette production. Cette organisation fonctionne. Les élèves s'attachent à regarder leur camarade travailler et s'efforcent tant bien que mal de lui dire ce qui va et ce qui ne va pas, ce qu'il faut conserver ou éventuellement modifier.

À travers cet exemple, nous pouvons percevoir deux évaluations diagnostiques. La première « officielle », conforme à ce que l'on semble attendre d'un enseignant, à savoir qu'il détermine avant d'intervenir le niveau de ses élèves afin de mieux répondre, par l'intermédiaire des contenus d'enseignement qu'il conçoit, aux besoins de ceux-ci. La seconde « off » qui ne fait l'objet d'aucune déclaration et qui semble réservée à l'enseignant et à lui seul. Ce qui est intéressant à noter dans cet exemple, c'est qu'une valeur beaucoup plus importante est accordée par l'enseignant aux apprentissages liés à l'évaluation off qu'à ceux issus de l'évaluation officielle. Cette situation résulte-t-elle du contexte ? L'apprentissage du « vivre ensemble » n'a-t-il finalement de sens que parce qu'il existe des groupes communautaires dans la classe ? L'importance accordée à cet apprentissage relève-t-elle des valeurs personnelles du collègue, de sa formation, du caractère inédit pour lui de la situation qu'il découvre, ou d'une certaine appropriation des textes officiels ? La mise en lumière de ces groupes communautaires est-elle simplement l'apanage de la discipline éducation physique et sportive ? Si oui pourquoi ? Si non, comment cela se fait-il que le projet de l'enseignant d'EPS ne soit pas partagé par tous les collègues qui ont également en charge cette classe ? Le fait de ne pas aborder le sujet avec les élèves est-il le reflet d'une difficulté de l'enseignant à trouver les mots pour en parler, ou met-il en évidence ce qu'il y aurait de « politiquement incorrect » à évoquer le sujet ? Les élèves, de leur côté, seront-ils, un jour, en mesure de comprendre seuls et par quels moyens on a cherché à leur apprendre à vivre ensemble ?

Toutes ces questions que nous laisserons volontairement sans réponses montrent bien à quel point l'évaluation est une question de valeurs. La valeur des apprentissages pourrait bien alors n'être que la conséquence de l'apprentissage de valeurs.

Emmanuel Lefèvre

TEXTES INDIVIDUELS

« DIS-MOI COMMENT TU ÉVALUES TES ÉLÈVES, ET JE TE DIRAI (DE) QUELLE SOCIÉTÉ TU (ES LE) PRODUI(T/S) ! »

Si l'objet même de cet ouvrage est vaste et si l'on peut se demander dans quelle mesure, malgré l'emploi du même mot, la problématique est bien la même ou non, suivant le complément qu'on donne au mot d'évaluation, de même, introduire le questionnement sur l'international est indispensable et peut conduire à se perdre dans un terrain immense.

UN SUJET TRIVIAL
AVANT D'ÊTRE ACADÉMIQUE

Il y a un paradoxe à ouvrir un regard international sur l'évaluation. Rien n'est plus spécifique non seulement à chaque système éducatif, mais même à chaque société que la façon dont il et elle s'y prennent pour « évaluer », lui ses élèves, et elle ses membres, puisque chaque façon nationale (ou infranationale, quand il s'agit de pays fédéraux) d'évaluer, d'une part, définit un mode spécifique de désignation des élites et de répartition des gens dans les postes de travail, d'autre part, correspond, en raison même de la réticence des sociétés à bouger sur cette question de la désignation des élites, et de répartition des rôles, aux aspects les plus difficilement modifiables des systèmes éducatifs. Dans combien de pays africains, par exemple, n'a-t-on pas vu l'introduction d'une logique d'école de base, inclusive dans son intention et tournée vers une approche (et en principe une évaluation) par compétences, buter sur un système d'examens souvent hérité de l'ancienne puissance coloniale, mais servant de repère social pour la désignation des élites ? Le mode d'évaluation au sein d'un système, et notamment d'évaluation certificative, qu'on prenne le Japon, le Royaume-Uni ou la France, est si fortement lié à l'ensemble d'un système social, selon que les qualifications professionnelles s'élaborent surtout en formation de type scolaire ou au sein de l'entreprise, selon que les carrières professionnelles se construisent essentiellement ou non sur la base des diplômes obtenus avant 25 ans, que le regard comparatiste risque de se perdre dans une contemplation d'une infinité de systèmes sociaux qui ne permet guère que de se demander, chaque fois, étonné d'étranges paysages, comment on peut être persan.

En même temps l'internationalisation du marché du travail, même à des niveaux élémentaires de qualification, et l'internationalisation des parcours de formation exacerbent pour les individus, pour les entreprises, pour les collectivités, un besoin de comparer des diplômes. Toute une partie de notre sujet est de fait traitée, dans la plupart des pays, non par des chercheurs observant les différentes pratiques évaluatives d'un point de vue anthropologique ou pédagogique, mais par des officines publiques ou privées dont le champ d'action est l'équivalence des diplômes.

Existent donc de fait des regards internationaux sur l'évaluation qui ne sont pas de nature académique, visant à l'élaboration de savoirs, mais plutôt de nature triviale, sur un mode tantôt touristique (« Comme c'est bizarre ! Comment peut-on être persan, ou anglais, ou italien, ou encore scandinave pour imaginer le *A-level* tel qu'il est, l'examen de *Maturità*, avec ses épreuves étranges, ou encore pour renvoyer les premières notes à un moment si tardif dans les scolarités comme en Suède, etc.? »), tantôt économique (« Que *vaut* tel diplôme à l'étranger ? »).

CARACTÉRISATION DE
QUELQUES ÉVOLUTIONS EN COURS

En revanche, au plan académique, les travaux comparatistes ne sont pas très abondants. Ayant eu nous-même à travailler cette question dans plusieurs contextes internationaux[1], mais chaque fois avec une entrée spécifique, l'exposé que nous pouvons faire ici n'a rien de systémique : il consiste à se demander comment, en vision surplombante, peuvent se caractériser les modes d'éva-

---

[1] Nous emprunterons l'essentiel des données à partir desquelles nous proposons cette réflexion à trois recherches différentes dont nous avons été, seul ou avec d'autres, les promoteurs à l'occasion de travaux d'inspection générale : un rapport publié déjà ancien sur la façon dont on attribue en France les licences et les masters, un rapport publié récent (automne 2011) sur le baccalauréat en France où figure un long chapitre sur la certification des études dans le secondaire supérieur dans une dizaine de pays, enfin un rapport plus récent encore (août 2012) non publié à la date d'écriture de cet article sur le livret personnel de compétences, où une annexe pose la question de la certification de fin de scolarité obligatoire (« l'école de base ») dans plusieurs pays scandinaves. Nous emprunterons aussi des éléments à des travaux que nous avons conduits à plusieurs reprises auprès de l'université de Cambridge, à propos des questions posées par l'évaluation en Angleterre, ou encore, autour de l'approche par compétences, dans plusieurs pays africains, et nous nous référerons aussi à la connaissance que nous avons des problématiques de l'évaluation telles qu'elles sont posées dans le cadre de l'Union indienne.

luation des élèves selon les pays et leurs évolutions contemporaines, en sachant que nous ne serons pas exhaustif, et que notre objectif est plutôt de poser les briques de ce que serait une grille de lecture des systèmes éducatifs auxquels la question serait posée : « Dis-moi comment tu évalues, et je te dirai qui/quel système éducatif tu es... et quelle société tu contribues à construire ! »

Nous procéderons moins par affirmations, étant donné le caractère partiel des travaux dont nous disposons, qu'en abordant successivement trois types de problématique : nous nous demanderons d'abord dans quelle mesure le paysage international de l'évaluation est en train de s'uniformiser ; nous chercherons ensuite si une tendance se dégage en ce qui concerne l'articulation souvent tendue entre la fonction d'évaluation et la fonction d'enseignement ; nous aborderons enfin la question, dont l'apparence seule est technique, du mode de production du résultat individuel de l'évaluation.

UNE TENDANCE À DES CONVERGENCES, MAIS... DIFFÉREMMENT CONTEXTUALISÉES

Vers une mondialisation de et par l'évaluation ?

On sait, et on regrette parfois que la comparaison internationale en éducation soit devenue un sport populaire, qu'elle se réduise trop souvent aux travaux en commentaires et commentaires de commentaires sur des évaluations internationales d'élèves, et en particulier de celle menée par l'OCDE sous le nom de *Program International for Student Assessment* (Pisa). Mais l'important pour ce qui nous intéresse ici est que le domaine où l'éducation s'est le plus évidemment ouverte à des tendances mondialisantes est celui de l'évaluation, certes pas individuelle, mais de ce qui est supposé être fortement lié aux systèmes éducatifs, et à leur qualité, c'est-à-dire les compétences des élèves, par exemple à l'âge de la fin de scolarité obligatoire. On peut évidemment constater qu'en un certain nombre de cas, les gouvernements ayant un œil sur leurs « résultats » selon Pisa ont entrepris de prendre les tests Pisa comme objectif des apprentissages. C'est dans l'air : à quoi bon des *curricula* séparés ? Au diable toutes ces complications ! Il suffit d'aménager les tests de l'OCDE et de s'y préparer !

De fait, un certain nombre de systèmes n'avaient pas attendu Pisa pour tenter de ramener l'essentiel des évaluations des élèves à ce qui était facilement intégrable à toutes les opérations de production de résultats, d'*accountability*, sous une forme objectivée. Qui pouvait s'y opposer ? L'école n'est-elle pas là pour que les enfants apprennent ? Or, on sait que les évaluations traditionnellement faites par les professeurs sont difficiles à comparer entre elles, peut-être subjectives, etc. Pourquoi ne pas standardiser, industrialiser, et partant, mettre en ce domaine un peu de cette « justice » qui lui manque ? L'obsession de l'évaluation a crû démesurément depuis vingt ans dans beaucoup de systèmes, dans une espèce d'exaspération devant l'échec scolaire : on cherchait souvent des financements complémentaires et on installait en même temps une évaluation sur tests des résultats que ce financement complémentaire aurait permis d'atteindre ! Combien de lycées états-uniens n'avons-nous pas vus ployer sous l'abondance des évaluations auxquelles ils devaient soumettre leurs élèves, pour justifier l'intervention de chaque financeur, parmi lesquels, souvent l'État fédéral ?

Pourtant, force est de constater que malgré ce qu'on pouvait craindre, les systèmes éducatifs n'ont pas suivi de façon générale ce mouvement d'uniformisation vers des épreuves formatées internationalement : les modes d'évaluation et d'examen sont si fortement ancrés dans les différents systèmes éducatifs, les traditions sont si fortes, qu'il n'est pas certain que les façons d'évaluer les plus traditionnelles soient ébranlées par les évaluations internationales.

Et si l'évaluation par compétences a progressé, on trouve de telles différences dans les concepts et leur mise en œuvre d'un pays à l'autre qu'on ne parle qu'en surface de la même chose. L'approche par compétences a sans doute été d'abord une histoire francophone, mais non française, et dans des pays qui obtiennent à Pisa les résultats les plus enviables, les évaluations des élèves sont très traditionnellement disciplinaires, et on ne voit pas grand-chose dans le rendu des résultats aux familles qui s'apparente par exemple aux compétences du socle commun.

Moins qu'à une mondialisation des modes d'évaluation, on assiste à une focalisation plus grande sur les questions d'évaluation ainsi qu'en certains cas, à un jeu plus développé entre des tendances internationalisées et une valorisation des traditions indigènes.

Les examens nationaux ont le vent en poupe

La question des examens est intéressante, parce que curieusement sacralisée dans certains systèmes, et inexistante ou éclatée dans d'autres. On peut imaginer des systèmes éducatifs sans examens : l'Antiquité gréco-romaine, qui a l'époque hellénistique, notamment, jouissait d'un véritable système scolaire, avec un curriculum étendu à tout le monde sous l'empire de cette culture, n'a pas conçu d'examens ni de diplômes.

Depuis le Moyen Âge pour les universités, en revanche, depuis le XIXe siècle pour les divers « systèmes » éducatifs qui se sont constitués dans beaucoup de nations, on a vu apparaître des diplômes, avec souvent une garantie d'État, et, en général, des examens. On les a souvent critiqués, depuis l'origine, comme étant aléatoires, ne prouvant pas l'essentiel à cause de traditions de bachotage assez répandues. De fait, dans les années après 1968, ils avaient les vents contraires, et on en a vu à la fois la valeur symbolique décroître (ce qui allait parfois de pair avec la dévalorisation des diplômes, mais les deux évolutions ne se recouvrent pas) et la place dans les systèmes contestée : la Suède, par exemple, décida de supprimer l'examen de fin d'études secondaires dans les années de la splendeur social-démocrate.

La situation contemporaine est différente. Les pays qui ont des examens nationaux tentent de les adapter à des réalités diverses, mais n'ont plus l'idée de les abandonner, certains pays les restaurent et les pays qui en sont dépourvus, comme la Belgique, tentent d'en imaginer : l'idée dominante est que des études ont montré, notamment en comparant entre eux les États des États-Unis où la situation est différente, que l'existence d'un examen final « à haut enjeu » est un facteur d'amélioration des performances des élèves.

Un des motifs de la faveur des examens nationaux vient naturellement du fait que certains pays aimeraient produire une certification dont ils pourraient dire, dans un contexte international de compétition, qu'elle est meilleure que Pisa. Si Pisa est aujourd'hui la référence internationale, c'est une référence hors-sol, ne correspondant à aucun système : remportera la mise le pays qui démontrera qu'il fait mieux, et, en outre, en contexte.

La France est sur la question des examens dans une situation paradoxale : très marquée par les concours d'État, sans doute importés de Chine par les pères jésuites, elle a, à chaque niveau de scolarité, des examens ressemblant à des concours en ce qu'on y réussit « globalement », et parfois présentés, sans analyse, comme des monuments nationaux. Ces monuments sont en piteux état, en fait : ils gardent de 1968 une réputation qui en fait des mal-aimés, d'une part, et, d'autre part, pour ce qui est des deux les plus répandus, le diplôme national du brevet et le baccalauréat, il est curieux de constater qu'ils ont connu depuis vingt ans une dérive mal maîtrisée quant à leur niveau, mais, surtout, ils ne sont pas l'enjeu le plus important pour les bons élèves dans les classes où ils sont organisés : l'entrée au lycée n'est pas plus gouvernée par le brevet que l'accès aux filières les plus prisées socialement de l'enseignement supérieur par le baccalauréat. Quant au baccalauréat « premier grade de l'enseignement supérieur », l'échec à l'université de bacheliers professionnels pourtant juridiquement admis à s'inscrire montre le grand désordre de la situation française. Mais tout cela est lié au type de preuve que donne un examen, et, là, les différences internationales sont importantes. Nous y revenons plus loin.

FONCTION « ÉVALUATION »/
FONCTION « ENSEIGNEMENT »

Une question régulièrement posée dans les différents paysages d'évaluation est celle du rapport entre l'évaluation et l'enseignement ou encore les apprentissages, le *teaching and learning* : en effet, le conflit enseignement/évaluation que nous évoquions à propos de la mode des tests aux États-Unis depuis vingt ans apparaît une question beaucoup plus générale, qui se pose même dans les contextes les plus traditionnels d'évaluation, c'est la part de l'évaluation optimale à accorder à l'évaluation dans la globalité de la formation. La question peut être abordée différemment : situe-t-on les deux domaines en opposition, ce qui peut se comprendre comme une opposition ne serait-ce que dans le temps consacré à l'évaluation opposé au temps qui serait consacré à l'enseignement, mais ce qui signifie alors qu'on ne donne aucune part à l'évaluation formative, et même qu'on dénie à l'évaluation tout rôle formateur ? Et plus on déconnecte l'enseignement de l'évaluation, plus on risque de s'inscrire dans une logique qui non seulement exclut l'évaluation formative, mais exclut même les professeurs chargés de l'enseignement de l'évaluation de leurs élèves. Ainsi, si cette idée que l'enseignement chargé des vertus serait à protéger de l'évaluation, premier cercle de l'enfer pédagogique, est en apparence généreuse, on peut craindre que dans la réalité elle n'ait comme conséquence que de produire en effet une évaluation externe, couperet, et vite limitée au plus facilement mesurable ; ou bien on ne conçoit pas d'opposition fondamentale entre les deux versants de la formation, et cette logique conduit à privilégier différents modes d'intégration de ces deux dimensions : évaluation largement formative, rôle majeur à assigner aux enseignants dans l'évaluation, etc. Selon ces deux paramètres, on débouche sur les deux questions que nous abordons maintenant.

L'évaluation et le curriculum

Beaucoup de pays qui ont été il y a quelques années séduits par la question de la production du résultat en éducation, avec notamment une perspective de financement des écoles en fonction de leurs résultats, et qui ont donc standardisé différents modèles d'évaluation, ont été conduits à constater que cela avait d'abord des effets appauvrissants sur l'enseignement lui-même, mais aussi des effets de bachotage, voire de triche. C'est particulièrement ce qu'a mis sur la place publique en 2012 l'université de Cambridge à partir d'études conduites par son département international d'évaluation (*Cambridge International Assessment*, voir la publication en ligne *Achieve*[2]) en effectuant une sévère analyse de la situation anglaise, concluant qu'il y avait contradiction et qu'il fallait absolument proclamer la prééminence du curriculum.

En France, où n'existe pas le système national de tests de l'Angleterre, on constate que d'autres facteurs, comme le stress majeur d'élèves confrontés à un harcèlement de « contrôles » en cours de scolarité, ont aussi des conséquences (peu étudiées)

---

[2] *www.cambridgeassessment.org.uk/news/our-publications/achieve*

contraires aux apprentissages des élèves, à la fois en portant atteinte à l'estime de soi de certains élèves, harcelés par une expression cruelle des résultats, en ne leur proposant au mieux que de travailler pour obtenir la moyenne, et en donnant peu de place aux activités qui permettent mal l'évaluation individuelle.

Sur cette question, la réponse de plus en plus souvent apportée dans beaucoup de pays – nous pensons en premier lieu à l'Écosse ou aux cinq pays scandinaves, mais c'est aussi le cas en Inde –, c'est qu'il ne faut pas laisser cette question des rapports enseignement/évaluation à l'improvisation. Les deux démarches sont à construire en complémentarité, même si, à certains moments des cursus, la fonction évaluation peut prendre davantage d'autonomie. C'est bien un des avantages qu'on attend de l'outil curriculaire : définissant ensemble toutes les fonctions, jusqu'à l'évaluation à partir des apprentissages attendus (*learning outcomes*), et jusqu'à la formation des maîtres, il a ce rôle intégrateur.

Ce curriculum holistique et explicite est naturellement le contraire de ce que l'on a souvent décrit sous le nom de curriculum caché quand, par exemple, les « programmes d'enseignement » n'ouvrent pas la question de l'évaluation, renvoyée à du non-dit ou à du « dit ailleurs ».

L'évaluation de l'élève par ses propres maîtres

Une distinction très forte apparaît entre les pays selon la prise en compte qui est faite ou non de la parole évaluatrice des enseignants pour leurs propres élèves. Nous ne parlons pas seulement de ce que l'on appelle très fautivement en France le « contrôle continu », mais même de la participation des professeurs à l'évaluation de leurs propres élèves aux examens.

Qu'il s'agisse du diplôme de fin d'école de base, donc d'une certification d'études, où on s'étonne moins de voir la place des enseignants de l'élève consacrée, ou du diplôme de fin d'études secondaires, on trouve une pléiade de formules où cette place est affirmée.

On peut citer la plupart des écoles de base des cinq pays scandinaves où les professeurs attribuent le certificat, le cas échéant (c'est le cas au Danemark) en fondant leur jugement certes sur leur évaluation continue de leurs élèves, mais aussi sur les résultats à des épreuves d'un examen national : le dernier mot leur appartient.

On peut aussi se référer à différents systèmes, et nous pensons en premier lieu à l'*Abitur* allemand aussi bien qu'au mode d'attribution de la *Maturità* italienne, où les professeurs de l'élève, c'est le cas en Italie, soit participent avec d'autres examinateurs à une sorte de grand oral appelé le *colloquio*, soit sont auprès du jury des avocats de leurs élèves, comme c'est le cas dans beaucoup de *Länder*[3]. On trouve aussi différents modes de régulation des évaluations telles qu'elles sont organisées (sujets, modalités) par les enseignants dans leur classe.

Là encore la situation française est paradoxale : l'évaluation continue n'est pas régulée ni contrôlée, elle est prise en compte à certains examens (le brevet) où elle est décriée par les pédagogues et plébiscitée par les élèves et n'a pas droit de cité au baccalauréat, où les élèves et les étudiants s'y opposent formellement. Alors que, rappelons-le, au même moment, les décisions stratégiques en termes de sélection des élites se prennent sur les dossiers d'entrée en classes préparatoires, seulement informés de l'évaluation des candidats par leurs propres professeurs. Vérité en deçà de la classe de seconde ou de la mer Baltique…, erreur au-delà ?

[3] L'annexe 3 de notre rapport disponible en ligne « Propositions pour le baccalauréat » détaille ces situations : *www.ladocumentationfrancaise.fr/var/storage/rapports-publics/124000132/0000.pdf*

Notes, moyennes et fabrication des « résultats »

Car sous le mot examen, on met des choses si différentes d'un pays à l'autre ! L'examen, tel qu'on le connaît en France, est en effet d'abord une construction complexe, mais où le succès comme l'échec sont sur le mode du blanc ou du noir.

« As-tu réussi ton GCSE ? » (*General Certificate of Education*, lointain équivalent anglais du brevet des collèges) est une question qui en Angleterre n'a aucun sens : on passe son certificat dans un certain nombre de disciplines obligatoires, mais jamais on n'en fait la totalisation. On pourra avoir un résultat correspondant à un échec dans une discipline et un résultat correspondant à une mention d'excellence dans une autre matière. Et selon le nombre de A ou de B qu'on aura et les disciplines où on les aura obtenus, on sera plus ou moins content, mais surtout on pourra ou non être admis dans tel lycée, (ou telle université s'il s'agit, deux ans plus tard, du GCSE *A-Level*).

Dans un certain nombre de pays, comme l'Irlande, on va même jusqu'à décider de présenter telle ou telle discipline à tel ou tel niveau de difficulté, les « notes » en étant modulées en conséquence.

C'est-à-dire que le résultat de l'examen – mais il en va de même en Scandinavie des résultats au certificat de scolarité qui tient lieu de certification diplômante – est avant tout une source riche de renseignements sur les acquis de chaque élève, avec des détails assez fins, ce document étant d'abord celui qui sera lu par l'établissement ultérieur, ou tout au moins celui que vise l'élève et auquel il adressera son dossier.

Si la France n'est pas le seul pays qui calcule des moyennes, elle est sans doute le pays où il y a le plus d'épreuves à l'examen, et, du même coup, où la moyenne, obtenue à partir d'un nombre élevé de notes, signifie au bout du compte le moins.

Cette question de la formulation du résultat n'intéresse pas seulement le cas des examens, mais aussi celui des évaluations, plus ou moins formatives, organisées en cours de scolarité. Les conseils de classe, les bulletins trimestriels, les logiciels d'affectation des élèves dans les lycées selon leurs vœux, toutes ces procédures se fondent sur le calcul d'une moyenne générale. On voit que, tel qu'il est, le système s'intéresse plus au repérage des meilleurs « en moyenne » qu'aux acquis véritables des élèves : comme nous avons plusieurs fois étudié ce point essentiel, nous insisterons davantage ici sur la question de savoir si c'est la note qui est à l'origine de ces turpitudes.

Nous ne pensons pas : évaluer une prestation sur une échelle numérique est une attitude qui peut être défendue, si évaluateur et évalué sont totalement d'accord sur le sens à donner à cette note (par exemple si elle résulte de l'application d'un barème public et clair). En revanche, si cette note est donnée sur 20, ou sur 10, et si l'idée est qu'existerait un seuil de passage, en quelque sorte, la fameuse « moyenne », qui serait selon les cas à 10/20 ou à 5/10, là les choses se compliquent : mettre la moyenne à la médiane est une terrible incitation à aller plus loin, c'est-à-dire non seulement à noter cette prestation selon ces modalités, mais à continuer, à additionner avant de diviser, et à calculer sans fin des moyennes, puis des moyennes de moyennes et des moyennes de moyennes de moyennes. Il est intéressant de voir qu'une échelle de notation comme celle qui est en vigueur dans la plupart des pays scandinaves répartit les résultats (pour une prestation précise comme pour un bilan) en cinq ou six ensembles, dont un seul signifie « a échoué », et dont les autres vont d'un niveau jugé suffisant à un niveau d'excellence. Là encore, la note, le résultat et l'examen en disent plus long sur les acquis de l'élève que la réponse binaire à la française en termes de réussite ou d'échec.

ÉVALUER L'ÉVALUATION ?

Pour un programme d'éducation comparée

On constate donc que, tandis que nous nous attendions à un paysage relativement uniformisé d'évaluation, les systèmes ont effectué sur un certain nombre de questions des choix, ou tout au moins définissent l'évaluation d'une façon qui va déterminer à son tour des figures de l'élève, de son rapport aux savoirs, de la sélection, du professeur, fortement différenciées.

Un autre point très important que nous n'avons pas abordé, si ce n'est par la périphérie, est celui de savoir quelle est la fonction du diplôme dans les diverses sociétés : donne-t-il des droits (cas de la situation française et du baccalauréat « premier grade de l'enseignement supérieur », ou des diplômes professionnels reconnus à tel ou tel niveau dans les conventions collectives) ou bien donne-t-il des renseignements dès lors plus diversifiés à un niveau plus élevé d'études ou encore au marché du travail ? Est-ce l'amont qui décide pour l'aval, selon le tropisme français, ou bien l'aval qui choisit en fonction des résultats fins de l'amont ?

Nous sommes bien en capacité de reconnaître telle situation plutôt que telle autre dans tel ou tel système avec une grille de lecture permettant de poser à chacun une dizaine de questions pour savoir « comment il évalue ».

En revanche, nous sommes bien plus en difficulté s'il faut dire quelle est la « bonne » évaluation, quels choix conseiller aux politiques, aux enseignants. Et cela, faute de travaux comparatistes dont le programme serait à écrire, mais, peut-être plus fortement dans le cas français si nous le comparons à des situations étrangères où il est plus habituel d'évaluer les évaluations (de tous types, incluant les examens) au plan docimologique, certes, mais surtout aux plans épistémologique et sociologique, faute de travaux de fond, à la fois dans le détail des évaluations disciplinaires ou autres et de façon plus systémique. La comparaison internationale fournit quelques questions, y compris tournées vers la réalité française, mais ne faut-il pas maintenant y répondre[4] ?

Roger-François Gauthier

---

[4] Pendant plusieurs années avant d'être supprimé en 2005, le Haut Conseil de l'évaluation avait commencé ce type de travaux et fait travailler des chercheurs sur ces sujets. Notons aussi que la direction chargée de l'évaluation au ministère ne s'est jamais mise dans quelque positionnement « méta », notamment par rapport aux examens, qu'elle n'a jamais considérés comme un terrain d'études.

POUR UNE
« CULTURE
COMMUNE »DE
L'ÉVALUATION

« S'ils ont de trop bonnes notes ils vont arrêter de travailler » ; « Quoi qu'on fasse, il y aura toujours à peu près 1/3 de bons, 1/3 de moyens et 1/3 de faibles », « Il a progressé : sa note est passée de 9,76 à 9,98 ! » ; « Moi, je mets des notes justes, car ma grille de critères est très précise et travaillée. »

« Selon votre pratique personnelle et votre réflexion, situez-vous par rapport aux différentes phrases en opposition ou en adhésion et justifiez ensuite vos réponses dans la discussion. »

Voici en quelques mots comment débutent les séances que j'anime depuis six ans à l'IUFM de Paris et qui sont consacrées à l'évaluation. Ces séances « transversales », c'est-à-dire proposées à tous les enseignants stagiaires (du secondaire) commencent par un Q-sort comprenant une dizaine de phrases. Il s'agit « à froid » pour les enseignants stagiaires de réagir par rapport à ces phrases toutes faites que l'on peut entendre en salle des professeurs et dans les discours tenus par les collègues. Certaines renvoient à une conception « traditionnelle » de l'évaluation, d'autres pourraient être plutôt prononcées par des enseignants supposés innovants. En fait, il s'agit avant tout de travailler sur les représentations que nous avons tous de l'évaluation. Des représentations forgées dès l'enfance et sa propre expérience d'élève et qui se sont renforcées ou ont évolué avec les premières expériences d'une pratique d'enseignement.

Après un temps relativement bref de passation du questionnaire, la discussion est lancée sur chacune des phrases et donne lieu à des échanges nourris et d'une grande richesse. Dès le départ, il est précisé qu'il ne s'agit pas de juger les réponses en conformité avec une quelconque doxa pédagogique, mais bien de permettre de développer une argumentation propre et une réflexion dans une discussion (une « dispute »...) entre collègues. Ma position en tant que formateur durant ce premier temps est avant tout de distribuer la parole, mais aussi de mettre en perspective les réflexions des uns et des autres et de les relier à quelques concepts que nous verrons plus précisément ensuite dans une deuxième phase de la séance.

Durant toutes ces années, j'ai été frappé par quelques constantes. D'abord, l'intensité des discussions : les questions liées à l'évaluation prennent une place importante dans le vécu des nouveaux enseignants. Certains disent avoir mis de très nombreuses heures à préparer, puis à corriger leurs premières copies, tant les problèmes qu'ils se posaient étaient nombreux et semblaient insolubles. En parler est un élément important de la construction professionnelle.

Ensuite, il faut noter la satisfaction des stagiaires de pouvoir s'exprimer en tant que « collègues », sans avoir le sentiment d'être jugés sur la conformité à une doxa pédagogique. Le travail sur les représentations permet d'éviter ce biais fréquent dans la formation des enseignants et libère la parole en la raccrochant au vécu (en tant qu'ancien élève et nouvel enseignant). Selon la jolie formule d'André Giordan : avec les représentations, il s'agit de « faire avec pour aller contre ». C'est souvent une condition pour un réel apprentissage. Partir de ces représentations est donc un préalable qui permet d'engager la discussion, mais cela n'est évidemment pas suffisant. Il faut ensuite faire un certain nombre d'apports de connaissances sur ce thème de l'évaluation. En effet, après ce premier temps de débat et de réactions, la séance se poursuit avec un exposé plus classique développant des connaissances sociologiques, historiques, institutionnelles et bien sûr dans le champ de la docimologie.

L'ÉVALUATION VUE PAR LES PARENTS,
LES ÉLÈVES, LES ENSEIGNANTS...

Les représentations et l'opinion sur l'évaluation varient selon les acteurs sociaux (parents, élèves, enseignants). On peut s'appuyer pour dire cela sur un certain nombre de sondages et d'enquêtes réalisés au cours des dernières années. Dans un sondage paru dans *La Croix* en 2004, on relevait que la question de l'évaluation (« Quelle note as-tu eue aujourd'hui ? ») était très souvent la première question posée aux enfants et que les notes obtenues influençaient fortement l'attitude des parents à l'égard de leurs enfants (punitions, récompenses). L'étude de ces sondages permet aussi de voir une évolution de l'opinion publique à l'égard de l'évaluation. Si les parents et l'opinion publique en général semblent rester attachés à la note chiffrée, car celle-ci est considérée, à tort ou à raison, comme « lisible » et rigoureuse, on remarque aussi que l'opinion évolue et qu'en particulier pour le primaire, on apprécie des modes d'évaluation alternatifs et le desserrement de la pression évaluative. Le sondage lancé à l'occasion de l'appel de l'Afev (Association de la fondation étudiante pour la ville) pour la suppression des notes à l'école montre une nette évolution en ce sens.

Il est évidemment difficile d'avoir des enquêtes sur les opinions des premiers intéressés, c'est-à-dire les élèves eux-mêmes. On ne peut se fonder que sur des témoignages à prendre avec précaution. Toutefois, on remarque des constantes que Pierre Merle, dans *L'Élève humilié* (2005) où il interroge de jeunes adultes sur les situations d'humiliation vécues à l'école, met bien en évidence. L'expérience de l'évaluation est un moment fort pour de très nombreux élèves et renvoie à des situations qui remettent en question l'estime de soi, la motivation et conduisent même dans certains cas à des situations d'humiliation.

En ce qui concerne les enseignants, on dispose de nombreux éléments d'enquête. Les pratiques d'évaluation ont été étudiées à plusieurs reprises et notamment « Les pratiques d'évaluation des enseignants au collège » (MEN, 2004). Cette étude offre l'avantage de

s'appuyer sur un travail important d'enquête statistique auprès de 3 561 enseignants dans 597 collèges. Elle fait apparaître un relatif consensus sur les fonctions de l'évaluation. Lorsque l'on demande aux enseignants de donner trois réponses à ce sujet, les trois qui arrivent en tête sont :
– mesurer les acquis des élèves (95 % des réponses parmi trois réponses possibles) ;
– s'assurer que les objectifs ont été atteints (90,7 %) ;
– fournir une note (41,4 %).

On notera que l'expression « fournir une note » illustre bien le poids de la demande institutionnelle dans les pratiques d'évaluation. L'étude prouve aussi que celles-ci restent assez largement solitaires (90 % des enseignants interrogés déclarent élaborer seuls leurs évaluations). Toutefois l'enquête, réalisée quelques années plus tard, montre une évolution dans ce domaine. En effet, une enquête réalisée en 2008 auprès de 1 200 enseignants et parue dans Les dossiers évaluations et statistiques (MEN) d'octobre 2009 sous le titre « Enseigner en collège et lycée en 2008 » montre que les enseignants interrogés sont 51 % à travailler « souvent » ou « occasionnellement » avec des collègues pour produire des documents d'évaluation et 45 % pour l'harmonisation des corrections.

Mais surtout, ce qui est notable dans toutes ces études, c'est la part considérable que l'évaluation occupe dans le temps de travail des enseignants. On estime en effet que c'est entre un quart et un tiers du temps de l'enseignant de collège et de lycée. Et la question que cela devrait susciter est : pour quelle efficacité ? Les enseignants débutants perçoivent très vite ce travers du système qu'est l'évaluationnite : on évalue... parce qu'il faut évaluer... ; on « fournit des notes » parce que le système éducatif, les parents (les élèves ?) en réclament. Mais les pratiques d'évaluation sont peu satisfaisantes au regard des enjeux. « Imaginez un restaurant gastronomique réputé dont les clients exigeraient d'être informés en continu de la manière dont progresse la préparation du plat qu'ils ont commandé. Du coup, la moitié du temps de travail des cuisiniers consisterait à informer les clients, au détriment de la qualité de la cuisine... » Cette métaphore de Philippe Perrenoud (2005) est un bon moyen d'engager le débat sur les finalités de l'évaluation et de montrer l'ambiguïté de notre rapport à celle-ci.

Tous les pédagogues s'accordent sur la nécessité de mettre l'évaluation au service des apprentissages. Mais dans l'opinion, dans la culture française, elle s'inscrit aussi dans une autre finalité : la sélection. Et cela explique aussi notre attachement à la note chiffrée.

UN DÉTOUR PAR L'HISTOIRE

Questions pour sourire et réfléchir... : « De quand date la création du baccalauréat ? » Même si la réponse donnée par les stagiaires est souvent « Napoléon » (ce qui n'est pas une date, on en conviendra !), on peut arriver assez vite à une date : 1808. Deuxième question : « De quand date la note chiffrée (plus précisément l'obligation de donner une note chiffrée) ? » Ici, les réponses sont plus difficiles. On a l'impression que la note chiffrée a toujours existé. Mais institutionnellement, cela suppose une organisation du système éducatif qui n'existait pas au moment de la création du baccalauréat. La bonne réponse est 1890. C'est par un arrêté du 5 juin 1890 qu'il est établi que « dans les compositions, chaque copie aura sa note chiffrée de 0 à 20 ». Jusque-là, l'usage de la note chiffrée était certes répandu, mais pas obligatoire. Et, en particulier, le baccalauréat (qui ne concernait que 1 % de la population) se passait sans notes. Il reposait sur un entretien oral et les examinateurs disposaient de boules blanches et de boules noires. Une majorité de boules blanches, le candidat était admis. Une majorité de boules noires, il était refusé (blackboulé...). On peut remarquer qu'on n'était alors pas très loin d'une logique « acquis/non acquis » faisant écho aux modalités d'évaluation actuelles.

Mais puisque nous avons créé une « énigme didactique », il nous faut surtout répondre à la question de savoir pourquoi on a créé l'obligation de noter. La réponse est à chercher dans le poids des concours (administratifs, grandes écoles...) dans la IIIe République naissante. Comme le souligne l'historien de l'éducation, Claude Lelièvre, « La France est un pays de concours » et dans la logique de la méritocratie républicaine, le classement précède la note. Le système éducatif qui se met en place est construit pour sélectionner, pour créer de l'émulation et notre modalité d'évaluation dominante en résulte. Il y a donc une culture de la note et plus encore l'idée que l'évaluation est associée à la sélection. On peut d'ailleurs expliquer ainsi les polémiques récurrentes sur le fait que le baccalauréat soit « donné » et que le « niveau baisse ». L'idée d'une évaluation au service des apprentissages qui ne soit pas entièrement tournée vers la sélection a du mal à faire son chemin en France, alors que cela apparaît beaucoup plus évident dans d'autres pays.

VARIATIONS AUTOUR DE L'ÉVALUATION

Comme souvent en matière d'éducation, il ne s'agit pas de raisonner de manière binaire en considérant qu'il faudrait abandonner complètement cette logique du classement au profit d'une logique de la régulation des apprentissages. Il s'agit plutôt de raisonner « en tension » en identifiant clairement les moments dans la scolarité où la première logique est nécessaire et ceux où il faut la tenir à l'écart. Il s'agit plutôt pour chaque professeur et notamment pour les enseignants débutants de savoir où placer le curseur pour réguler leur propre pratique. Cela suppose de se doter d'une définition large de l'évaluation. On peut en proposer

plusieurs assez voisines. Celle qui me semble la plus opératoire est celle de Jean-Marie De Ketele qui se décline en trois points. Pour le chercheur belge, « Évaluer signifie :
– recueillir un ensemble d'informations suffisamment pertinentes, valides et fiables,
– examiner le degré d'adéquation entre cet ensemble d'informations et un ensemble de critères adéquats aux objectifs fixés au départ ou ajustés en cours de route,
– en vue de prendre une décision. »

Cette définition a le mérite de mettre l'accent sur le talent des pédagogues qui consiste à bien formuler les consignes et les questions afin de recueillir des informations « pertinentes, valides et fiables ». On renvoie ici à la didactique propre à chaque discipline. Le deuxième point nous rappelle que l'évaluation est un processus continu (et pas toujours un contrôle) et qu'elle suppose une confrontation avec des objectifs liés à un curriculum et/ou à des objectifs individuels. Enfin, le troisième point nous renvoie à la question de la finalité de l'évaluation. La décision peut être institutionnelle (attribuer une note, déterminer un passage dans une classe supérieure, délivrer un diplôme...), mais elle peut et doit être aussi interne à la séquence d'apprentissage. Dans ce cas, l'évaluation peut enclencher le passage à une autre séquence ou à un processus de remédiation. Cette dernière dimension est fréquemment oubliée et « la note » est souvent vécue comme une fatalité puisque l'évaluation est pensée trop souvent comme uniquement sommative. Cela nous permet aussi de rappeler une évidence souvent oubliée : notation et évaluation ne sont pas synonymes.
Dans le bagage commun des enseignants débutants, il est également indispensable de décliner des typologies de l'évaluation. Plus que la typologie bien connue de Bloom (diagnostique, formative,

sommative) qui nous rappelle que l'évaluation peut se situer avant, pendant et à la fin du processus d'apprentissage, il me semble que c'est la distinction entre évaluation critériée (référence à des critères de performance) et évaluation normative (référence aux autres) qui est aujourd'hui la plus pertinente pour analyser l'évolution de notre système. Cette distinction nous renvoie en effet au débat sur les finalités que nous évoquions plus haut et éclaire la problématique du socle commun et du travail par compétences.

NOTATION ET ÉVALUATION : UN DÉBAT BIAISÉ

Cette distinction permet aussi de voir autrement le débat sur la note à laquelle les enseignants et l'opinion publique semblent encore si attachés. Si l'on privilégie une démarche d'évaluation critériée, la note reste possible, mais perd de son sens. Ce qui semble surtout remis en question, c'est la « moyenne[5] » qui repose sur un principe de compensation (une difficulté dans un domaine est masquée par une réussite dans un autre).

Par ailleurs, s'il y a un tel attachement à la note, c'est surtout parce que celle-ci est jugée lisible et rigoureuse. En ce qui concerne la première qualité, cela nous renvoie à une dimension essentielle : évaluer, c'est communiquer. Et cette communication peut être différente selon les destinataires. On ne fournit pas forcément les mêmes informations aux institutions, aux collègues, aux parents et aux élèves. L'enjeu de l'évolution de l'évaluation par compétences passe par un travail de simplification des critères qui sont communiqués, loin des « usines à cases ».

[5] « L'appel à la moyenne peut sembler bien anodin, alors qu'en neutralisant potentiellement chaque carence éventuelle par la vérification de la présence d'un acquis dans un domaine qui n'a rien à voir avec le premier, il remplace la scolarité par un jeu sophistiqué où l'important n'est pas d'acquérir telle compétence ou telle connaissance, mais une note abstraite, qui ne signifie rien en termes d'apprentissages. » Roger-François Gauthier, *Les Contenus de l'enseignement secondaire dans le monde : état des lieux et choix stratégiques*, Unesco, 2006, 140 pages.

Sur la rigueur de la note chiffrée, il faut s'étonner que les recherches de la docimologie soient si peu connues et enseignées. Rappelons que ces travaux montrent depuis les années 1930 la relativité et les biais de la notation. Dès 1936, une célèbre recherche (Laugier, Weinberg) autour de l'enquête Carnegie de la commission française sur une expérience de multicorrection pointe l'extrême difficulté d'une correction « objective ». Les résultats des expériences menées montrent une forte dispersion des notes attribuées à chaque copie par les correcteurs. L'expérience de docimologie la plus intéressante à cet égard et qui frappe fortement les enseignants débutants est celle de la « note vraie ». Il s'agit de calculer statistiquement le nombre minimal d'examinateurs auxquels il faudrait faire appel pour obtenir une moyenne des notes mises par eux, qui ne varie plus en y ajoutant un correcteur supplémentaire. Le résultat ? Il aurait fallu 128 correcteurs en philosophie pour obtenir la « note vraie » (une moyenne qui ne bouge plus), 78 en français, 16 en physique, 13 en mathématiques… Oui, mais c'était en 1936 ; depuis les choses ont changé, me direz-vous… Oui, puisqu'on refait le même travail en 1976, cette fois-ci, d'après les calculs il faudrait 762 (!) correcteurs de philosophie pour qu'une copie ait sa moyenne stabilisée, et 78 en mathématiques. On sait bien aussi, comme l'ont montré de nouveaux ouvrages (notamment celui de Pierre Merle, 2007), que la notation est affectée de nombreux biais et qu'elle est souvent le produit d'un « arrangement ».

Évoquer ces différents travaux devrait permettre de montrer la relativité de la note et d'appeler les enseignants à une certaine modestie. Cela devrait aussi amener les médias à nuancer leurs propos lorsque sont évoquées ces questions à l'occasion du baccalauréat et des consignes d'harmonisation. Mais il est vrai que l'apport des sciences de l'éducation est souvent méconnu et/ou méprisé par les enseignants eux-mêmes. Alors ne parlons pas des journalistes…

Les débats récurrents dans les médias sur la notation sont assez révélateurs de ce qui se joue dans les pratiques d'évaluation des enseignants et même, au-delà, dans la conception que ceux-ci ont de leur métier. Est-on « propriétaire » de sa note ? Derrière l'accusation biaisée de « tripatouillage » des notes au moment des examens, il y a cette idée que l'évaluateur est souverain et que son jugement ne peut donc être remis en question. La discussion sur la note nous montre aussi que la conception implicite du métier est celle d'une pratique d'évaluation solitaire. Même si les choses progressent, les enseignants ont un rapport « intime » à l'évaluation qu'ils pratiquent. Peut-être parce que cela touche chacun dans son propre système de valeurs et sa conception du travail, du mérite et du « niveau ». On a du mal à discuter d'évaluation, tout comme on a du mal à ouvrir la porte de sa classe. Et en n'hésitant pas pour se justifier à utiliser des arguments contradictoires. Il est curieux de noter que ce sont ceux qui ont sans cesse à la bouche l'égalité républicaine qui refusent l'idée même d'harmonisation. Il faut dire qu'elle suppose un travail en équipe !

On peut même aller un peu plus loin en se demandant s'il ne faut pas analyser cette crispation en termes de « déclassement ». Lorsque l'on se focalise ainsi sur le pouvoir de noter individuellement qui serait remis en cause, n'est-ce pas parce que l'on se raccroche à des symboles d'un supposé prestige déchu ? L'attachement à la note tout comme le redoublement ne sont-ils pas les « symptômes » d'une profession qui se vit comme dévalorisée ?

POUR UNE CULTURE COMMUNE DE L'ÉVALUATION

La question de l'évaluation est un analyseur de nombreux aspects du système scolaire. Ce thème permet d'aborder la question des finalités de notre système éducatif et d'interroger notre « élitisme républicain », mais aussi le métier enseignant, la culture des établissements, la différenciation, la remédiation, les relations avec les parents.

L'évaluation est une pratique sociale, donc soumise à des normes (culture d'établissement, de la discipline, de la génération...) et sous-tendue par des valeurs. Elle renvoie donc chacun à sa propre conception de la justice et à ses représentations du travail, du niveau, des apprentissages, du pouvoir. C'est aussi ce qui la rend si difficile à faire évoluer, car elle s'appuie sur notre propre échelle de valeurs...

Il est tentant de ranger les questions d'évaluation du côté des didactiques. Il est vrai que les modalités d'évaluation ne sont pas les mêmes en mathématiques, en langues vivantes ou en EPS. Mais si l'évaluation doit évidemment faire l'objet de longs développements dans les préparations au concours et dans la formation strictement disciplinaire, il me semble tout aussi important que ce thème soit abordé sous l'angle d'une culture commune à tous les enseignants.

Il nous faut espérer que le passage aux ESPE (École supérieure du professorat et de l'éducation) permette de maintenir et même de renforcer cette dimension pédagogique et que l'on ne réduise pas l'évaluation à de simples questions techniques et didactiques. C'est bien un enjeu pédagogique et même politique fort qu'il y a derrière cette question de l'évaluation. Ce peut être une pratique chronophage (évaluationnite), vidée de son sens par l'abus des « grilles » ou autres référentiels et d'une forme de taylorisme pédagogique. Dans les pratiques actuelles des enseignants, le contrôle occupe une large part du temps d'enseignement : il en reste d'autant moins pour penser au changement. Les élèves travaillent pour la note, la moyenne ou la promotion, ce qui développe un rapport utilitariste au savoir avec une perte de sens des apprentissages. Comme l'écrivait très bien un rapport de l'IGEN de

2005[6], « Il est bon de rappeler que l'évaluation, qui est une évaluation de la partie, ne doit pas faire oublier le tout, le long chemin de culture où l'école a la responsabilité de conduire chaque personne à un moment de sa vie ; que l'évaluation, qui produit des signes sociaux nécessaires tels que les notes ou les diplômes, doit être au service des acquis, pour aider à les mesurer, pour leur donner visibilité, et pas le contraire. » En somme, faire de l'évaluation un réel outil pour l'apprentissage et au service de la réussite de tous les élèves. Mieux évaluer, donner du sens et de la visibilité aux apprentissages pour que l'école ne soit pas seulement au service des « héritiers ».

C'est, au final, une réflexion très politique qui engage un questionnement sociologique, historique, comparatiste et qui demande le temps suffisant pour permettre l'analyse collective et la confrontation des arguments et des pratiques. Ce moment de formation doit être à la hauteur des enjeux.

Philippe Watrelot

---

[6] « Les acquis des élèves, pierre de touche de la valeur de l'école » (Rapport IGEN/IGAENR juillet 2005).

L'ÉVALUATION PAR QCM

INTRODUCTION

La culture scolaire française intègre très peu les QCM comme mode d'évaluation alors que les Anglo-Saxons en ont une pratique beaucoup plus courante et ancienne. Certains y voient même une raison qui expliquerait les différences de résultats des élèves français aux évaluations internationales se présentant sous la forme de QCM, pour une bonne partie (Pisa, notamment).

Concrètement, effectivement l'utilisation de QCM dans des évaluations est peu répandue en France, et c'est à l'université qu'on la trouve le plus couramment. Les élèves de l'école primaire n'y sont que très rarement soumis ou bien lors d'activités exceptionnelles (rallyes, tests), or ce mode d'évaluation est souvent utilisé pour les évaluations menées par la DEPP, notamment dans le cadre des bilans Cedre[7].

Alors que les résultats de ces évaluations nationales sont souvent observés à la loupe et donnent lieu à la publication de notes d'information[8] rendant compte du niveau de connaissances et de compétences des élèves français dans les disciplines classiques, à aucun moment ce dispositif d'évaluation n'est questionné pour ce qu'il est et pour ses spécificités. Imagine-t-on qu'il soit transparent et qu'il n'ait pas d'impact sur les résultats globaux ?

---

[7] L'évaluation-bilan en mathématiques fait partie du cycle des évaluations disciplinaires réalisées sur échantillons (Cedre) que la Direction de l'évaluation, de la prospective et de la performance (DEPP) a commencé à mettre en place en 2003. Elles sont destinées à rendre compte des résultats de notre système éducatif en établissant les différents niveaux de compétences atteints par les élèves au regard des objectifs fixés par les programmes.

[8] Note d'information de la DEPP, 10-17 octobre 2010 : « Les compétences en mathématiques des élèves de fin d'école primaire », ministère de l'éducation nationale.

Ayant participé à l'élaboration du bilan Cedre 2008 de fin d'école primaire en mathématiques, j'ai été fortement interpellée par cette question, c'est pourquoi j'ai décidé de mener, avec une collègue[9] qui avait également participé à ce bilan, mais au niveau du collège, une expérimentation ayant pour but de l'explorer davantage. L'analyse des données de ce bilan nous a amenées à nous interroger sur les stratégies que pouvaient développer des élèves de fin de CM2 confrontés à des QCM en mathématiques.

Dans cet article je rendrai compte de l'enquête que nous avons menée pour interroger ce dispositif d'évaluation et je tenterai de dégager quelques constats en termes de fonctionnement cognitif des élèves et en termes de pratique d'évaluation par QCM.

PROBLÉMATIQUE ET HYPOTHÈSES

Dans la recherche sur les résultats du bilan de fin d'école en mathématiques évoqué ci-dessus, nous avons été amenées à développer un outil d'analyse des items proposés afin de mieux comprendre ce qu'ils révélaient du point de vue des connaissances et des compétences des élèves. Cet outil, décliné en termes de facteurs de complexité et de compétences, permet de considérer différents éléments qui ont une incidence contingente sur la réussite des élèves. S'y trouve donc un facteur qui prend en compte le contexte de l'énoncé, la nature des informations à traiter et de la question, ainsi que le type de réponse attendue. Un deuxième facteur est plus directement lié aux mathématiques en jeu, aux variables didactiques et aux distracteurs proposés dans l'item. Ces deux facteurs permettent de mesurer la complexité globale de l'item. Un troisième facteur est relatif aux différents niveaux de compétences en jeu pour résoudre la tâche mathématique proposée dans l'item.

---

[9] Nadine Grapin, doctorante au LDAR (Laboratoire de didactique André Revuz).

L'analyse de l'ensemble des items a montré que certains, parmi ceux qui étaient proposés sous forme de QCM, avaient des résultats très différents de ceux proposés sous forme de questions ouvertes, alors que d'un point de vue mathématique, la tâche à réaliser était équivalente. Nous nous sommes donc demandé quelles pouvaient en être les raisons, ce qui nous a amenées à investiguer la façon dont les élèves appréhendent ce dispositif spécifique d'évaluation. Tout d'abord, nous avons cherché à savoir si les stratégies que développent les élèves pour répondre aux QCM sont toujours les mêmes et si elles sont en lien avec leur niveau de connaissances en mathématiques. Nous nous sommes également demandé si les élèves performants ou en difficulté adoptent une stratégie de réponse particulière aux QCM. Nous avons donc commencé par lister les stratégies possibles pour des élèves de 11 ans, car il nous a semblé indéniable qu'elles ne pouvaient être identiques à celles d'étudiants adultes. On trouve, dans les travaux relatifs aux QCM (Choppin 1975, Leclercq 1987), différentes stratégies, mais toutes pensées pour des étudiants adultes. Voici les trois modèles retenus par Choppin :

Modèle 1 : Quand l'étudiant « sait », il choisit la réponse correcte et quand il ne « sait pas », il choisit au hasard parmi les réponses proposées.

MODÈLE 2 : Il commence comme le modèle 1, mais au lieu de répondre au hasard quand il « ne sait pas », l'étudiant commence par éliminer les solutions qu'il sait être fausses et choisit au hasard parmi celles qui restent.

MODÈLE 3 : L'étudiant commence par ranger les solutions possibles par ordre de plausibilité décroissante et, si la consigne l'oblige à ne fournir que l'une d'entre elles, alors il choisit celle dont la probabilité (subjective) est la plus élevée (à ses yeux).

Nous avons pensé que les élèves de 11 ans, n'ayant pas de pratiques de QCM, ne pouvaient (pas tous) développer des stratégies aussi construites intellectuellement et nous en avons donc retenu d'autres :

S1 : L'élève effectue la tâche demandée mentalement ou explicitement puis trouve, parmi les propositions, celle qui correspond à la réponse trouvée.

S2 : L'élève reconnaît d'emblée la « bonne » réponse parmi celles proposées (connaissance intériorisée).

S3 : L'élève commence par s'engager dans une procédure de résolution, mais sans aller jusqu'au bout (à la différence de S1) ; il utilise ensuite les différentes propositions de réponse pour conclure (en choisissant celle qui lui paraît la plus vraisemblable).

S4 : L'élève élimine les propositions qui paraissent fausses, puis déduit de celle(s) qui reste(nt), la bonne réponse.

S5 : L'élève répond au hasard.

Nous avons également recherché quels éléments intrinsèques à l'item pouvaient avoir une incidence sur la réussite des élèves et notamment la nature et la place des distracteurs. Pour cela, nous avons sélectionné les items dont les scores de réussite se distinguaient des résultats habituels en mathématiques et nous les avons étudiés plus spécifiquement.

En nous inspirant des travaux de Leclercq (1987, 2006), nous avons souhaité interroger le degré de certitude des réponses des élèves. Différentes recherches ayant montré qu'il n'était pas souhaitable d'interroger oralement les élèves sur ce point, nous avons donc retenu l'idée d'accompagner les QCM d'une demande d'estimation de ce degré de certitude. Nous avons pensé que cette demande ne pouvait s'exprimer en termes de pourcentages de chance, car cette conception est trop éloignée de l'univers scolaire des élèves de 11 ans et qu'ils ne maîtrisent pas suffisamment les pourcentages à ce niveau scolaire. Nous avons donc proposé aux élèves de nous indiquer chaque fois s'ils étaient : pas sûrs du tout (1), pas très sûrs (2), sûrs (3), sûrs et certains (4).

Au-delà de l'intérêt informatif que l'on peut trouver à l'adjonction de degrés de certitude aux réponses des élèves, nous avons également cherché à savoir s'il y avait un lien entre les degrés de certitude exprimés par les élèves et leur niveau de connaissances en mathématiques ou les stratégies qu'ils avaient adoptées. Les élèves performants sont-ils plus sûrs d'eux ? Les élèves en difficulté le sont-ils moins ? Ces questions nous semblent importantes à traiter, car les représentations des enseignants sur leurs élèves, qu'ils soient performants ou en difficulté, ont une incidence non négligeable sur leurs pratiques. En effet, si un enseignant estime que certains élèves échouent par manque de confiance en eux, ils peuvent être amenés à leur proposer des situations mathématiquement moins riches qui produisent plus facilement des réussites, mais qui, au final, réduisent les apprentissages effectifs des élèves.

EXPÉRIMENTATION

Principe

L'expérimentation que nous avons menée s'est déroulée en juin 2012, dans six classes de CM2 de Paris et de Montreuil. Elle a eu lieu après les évaluations nationales en mathématiques (début juin) afin de pouvoir bénéficier des résultats des élèves et ainsi déterminer leur niveau de connaissances de manière objective. Nous avons convenu d'élaborer un test comportant un nombre limité d'items afin que chaque élève puisse nous expliciter son raisonnement individuellement, lors de la passation.

Classes

Nous avons souhaité réaliser notre expérimentation dans des classes variées en termes de population et de niveau scolaire afin de pouvoir tester toutes nos hypothèses. Ainsi, nous avons retenu deux classes des « beaux » quartiers parisiens, deux classes « banales » (une à Paris, une à Montreuil), deux classes ZEP ou Éclair (une à Paris, une à Montreuil), soit 157 élèves au total. Au-delà de la caractérisation des classes et des écoles, les résultats à l'évaluation nationale de mathématiques que tous les élèves ont passée juste avant notre expérimentation devaient nous servir à repérer le niveau en mathématiques de chaque élève suivant une même évaluation.

Test

Nous avons conçu les items QCM du test pour qu'ils soient de niveaux variés, à la fois en termes de complexité et de compétences. Nous souhaitions pouvoir observer si les procédures ou les stratégies de réponse évoluaient selon la difficulté de l'item. Il s'agissait également de mesurer le poids des distracteurs dans la complexité de l'item. En choisissant des réponses correspondant à des erreurs récurrentes d'élèves[10], nous souhaitions savoir si celles-ci étaient attractives pour certains élèves (selon leur niveau de connaissances) ou au contraire si elles étaient d'emblée rejetées.

Les items que nous avons sélectionnés s'appuient sur les différentes stratégies de réponse définies a priori (voir ci-dessus). Afin d'étudier le lien entre l'item proposé et la (ou les) stratégie(s) mobilisée(s), nous avons conçu des items prenant en compte différents éléments : la nature et la valeur des distracteurs, la nature de la tâche mathématique à effectuer, l'ordre de grandeur des résultats et la cohérence des propositions dans le cadre de la réso-

---

[10] Repérées à partir des travaux menés en didactique des mathématiques (DDM) sur les thèmes retenus.

lution de problèmes. Nous sommes restées dans les domaines « fractions et décimaux », « résolution de problèmes » et « grandeurs et mesures » que nous avions plus particulièrement étudiés lors de notre recherche précédente. Un test comportant sept items a donc été élaboré (voir annexe p. 92) : deux relatifs à « grandeurs et mesures », trois à « fractions et décimaux », deux à « résolution de problèmes » dont un problème de proportionnalité que nous avons choisi d'un niveau de complexité et de compétences élevé pour essayer de repérer l'influence de ce type d'item sur les stratégies des élèves.

Un espace libre a été prévu pour chaque item afin que les élèves puissent éventuellement faire des calculs.

Passation

Une présentation à la classe entière a été proposée avant la passation individuelle pour expliquer la nature du test et le déroulement de l'entretien, en précisant les consignes : « Pour chaque exercice, il faut trouver la bonne réponse parmi celles proposées[11] et indiquer son degré de certitude. » Nous avons choisi de mener des entretiens individuels pour que les élèves puissent nous expliquer précisément la façon dont ils ont procédé pour choisir leur réponse aux items ainsi que leur degré de certitude. Nous avons noté toutes les explications ou remarques des élèves au fur et à mesure de la passation.

À la fin du test, nous avons demandé aux élèves s'ils avaient déjà fait des QCM et ce qu'ils pensaient de ce type d'évaluation.

---

[11] Même si l'élève ne sait pas quelle réponse choisir, on lui demande d'en choisir une.

RÉSULTATS

Globalement

Un premier constat que nous pouvons faire concerne l'aspect spécifique du fonctionnement cognitif des élèves en situation. Il est en effet parfois extrêmement difficile d'appréhender le fonctionnement cognitif des élèves, car il ne s'inscrit pas dans la même logique que celui d'un adulte. Il n'a d'ailleurs pas toujours été facile de comprendre comment un élève était arrivé à faire tel ou tel choix, car il n'était pas capable de l'expliciter lui-même.

La plupart des élèves n'avaient jamais été confrontés à des QCM, si ce n'est en français ou en anglais comme certains nous l'ont indiqué. Dans l'ensemble, ce type de dispositif d'évaluation leur a plu. Certains ont estimé qu'il était plus facile que ce qu'ils avaient l'habitude de faire, d'autres plus difficile, mais ces considérations se rapportaient essentiellement aux questions posées et non à la modalité d'évaluation. D'ailleurs, les élèves ne semblent pas avoir perçu les avantages que ce dispositif pouvait leur procurer et ont été peu nombreux à utiliser la stratégie S5 (au hasard). Il semblerait qu'un effet de contrat didactique empêche les élèves de fin d'école primaire de considérer que cette stratégie puisse être envisageable pour répondre, même dans les rares cas où, face à leur désarroi, nous la leur avons suggérée.

La passation du test nous a amenées à revoir et compléter les stratégies que nous avions imaginées, pour correspondre au plus près aux réactions des élèves. Ainsi, nous avons ajouté les stratégies suivantes :

S6 : L'élève passe en revue superficiellement toutes les propositions, puis choisit celle qui lui paraît la plus vraisemblable.

S7 : L'élève ne sait pas expliquer sa procédure.

S8 : L'élève combine les nombres en présence de manière à trouver, parmi les choix possibles, une solution.

S9 : L'élève applique une règle simple intériorisée, correcte ou non (théorème en actes).

S10 : L'élève teste les propositions de réponse une à une jusqu'à trouver celle qui convient.

Stratégies et niveaux de connaissances des élèves

Il semble exister des différences de stratégies de réponse aux QCM selon que l'on est un adulte – étudiant au lycée ou à l'université – ou un enfant, élève de l'école primaire. Ces différences paraissent être la conséquence d'une approche différenciée de l'évaluation dans les différentes institutions scolaires. Les adultes chercheraient davantage « la bonne réponse », quitte à convoquer le hasard en dernier recours, alors que les enfants chercheraient davantage à trouver « une réponse ». Afin d'analyser plus efficacement le lien entre les différentes stratégies des élèves et leur niveau de connaissances, nous avons effectué des groupements de stratégies par type :

Stratégies A (S1, S2, S9, S10) : stratégies de savoirs. L'élève active des connaissances ou des savoir-faire (techniques, raisonnement) pour choisir la bonne réponse : soit il résout complètement la tâche (par la procédure de son choix, juste ou fausse), soit il teste les propositions de réponse et choisit celle qui peut convenir.

Stratégies B (S5, S6, S7, S8) : stratégies de substitution ou de repli. L'élève n'utilise pas ses connaissances mathématiques de façon explicite et assurée pour faire un choix.

Stratégies C (S3, S4) : stratégies mixtes. L'élève a commencé un raisonnement pour répondre à la question posée, mais il se sert des différentes propositions de réponse pour faire un choix.

Nous avons également classé les élèves suivant trois groupes en fonction de leurs résultats aux évaluations nationales de mathématiques qu'ils venaient de passer quelques jours avant notre test :

élèves « faibles » : ceux qui ont moins de 40 % de réussite ;
élèves « moyens » : entre 40 % et 75 % de réussite ;
élèves « forts » : ceux qui ont plus de 75 % de réussite.

Nous avons donc répertorié le type de stratégies utilisé par les élèves suivant leur groupe d'appartenance, pour chaque item et pour l'ensemble du test :

– **Les élèves « faibles »** ont majoritairement fait appel à des stratégies de savoirs (64,9 %), puis de substitution (25,4 %) et à des stratégies mixtes (9,7 %).

– **Les élèves « moyens »** ont également majoritairement fait appel à des stratégies de savoirs (63,5 %), puis de substitution (24,7%) et à des stratégies mixtes (11,8 %).

– **Les élèves « forts »** ont plus majoritairement encore fait appel à des stratégies de savoirs (76,1%), moins de substitution (12,8%) et de manière assez équivalente à des stratégies mixtes (11,1 %).

Globalement, les élèves utilisent des stratégies différentes suivant les items auxquels ils sont confrontés[12]. En effet, on peut relever que seulement 13,5 % des élèves ne changent pas de type de stratégies sur l'ensemble des items. On peut également noter que 30 % des élèves n'utilisent jamais de stratégies de type B, c'est-à-dire que pour répondre, ils utilisent forcément des connaissances et s'engagent dans un raisonnement *a minima*.

---

[12] Les tableaux des stratégies utilisées pour chaque item par les différents groupes d'élèves permettent de faire ce constat.

En moyenne, les élèves les plus faibles et ceux du groupe intermédiaire utilisent des types de stratégies assez similaires, même si l'on peut constater des différences selon les items, notamment pour les items de résolution de problèmes et de transformation d'écriture autour des décimaux. Les élèves les plus forts utilisent deux fois moins de stratégies de repli ou de substitution que les autres élèves.

Logiquement, les stratégies de type A sont davantage utilisées par les élèves ayant un plus haut niveau de connaissances (jusqu'à 98 %), sauf pour les items 3 et 6 (lien fraction/décimaux) où les élèves les plus faibles sont les plus nombreux à utiliser ce type de stratégies, même si les connaissances qu'ils appliquent sont erronées.

De la même manière, les élèves qui utilisent davantage des stratégies de substitution ou de repli se trouvent parmi les élèves les plus faibles (jusqu'à 61 % pour l'item 7 où facteur de complexité et niveau de compétences sont les plus élevés), même si pour les items 3 et 6, ce sont les élèves de niveau « moyen » qui y ont le plus recours (36 % et 33 % contre 13 % et 16 % pour les plus faibles).

Degrés de certitude et niveaux de connaissances des élèves

Les élèves se sont très bien approprié les degrés de certitude (de 1 à 4 suivant qu'ils étaient peu ou très sûrs d'eux) et n'ont pas hésité à faire une croix entre deux degrés quand cela leur semblait plus proche de ce qu'ils ressentaient. Il n'y a eu aucun refus à renseigner ces degrés et les hésitations étaient peu nombreuses. Nous avons donc établi un tableau associant le pourcentage de réussite et le degré de certitude moyen par groupe d'élèves pour chaque item :

	ITEM 1	ITEM 2	ITEM 3	ITEM 4	ITEM 5	ITEM 6	ITEM 7	MOYENNE
ÉLÈVES « FAIBLES »	25,8 %	35,5 %	32,3 %	41,9 %	19,4 %	19,4 %	19,4 %	27,67 %
	DC = 2,742	DC = 3,129	DC = 3,065	DC = 2,742	DC = 3,113	DC = 3,065	DC = 2,355	DC = 2,887
ÉLÈVES « MOYENS »	54 %	46 %	58,7 %	73 %	39,7 %	44,4 %	19 %	47,83 %
	DC = 2,919	DC = 3,516	DC = 2,669	DC = 3,103	DC = 3,540	DC = 2,746	DC = 2,325	DC = 2,974
ÉLÈVES « FORTS »	81 %	67,2 %	65,5 %	86,2 %	79,3 %	63,8 %	39,7 %	68,96 %
	DC = 3,298	DC = 3,702	DC = 3,034	DC = 3,612	DC = 3,647	DC = 3,043	DC = 2,897	DC = 3,319

Logiquement, les élèves les plus performants sont plus sûrs de leurs réponses que les élèves qui le sont moins (en moyenne 2,88 pour les plus « faibles », 2,97 pour les « moyens », 3,31 pour les plus « forts »). Il convient de noter que le degré moyen de certitude est relativement élevé pour les trois groupes d'élèves, et que celui du groupe « forts » se démarque de ceux des deux autres groupes qui sont eux, assez proches.

Si l'on regarde les degrés de certitude suivant les différents items, on peut affiner notre analyse et faire quelques remarques instructives.

Pour les deux items relatifs au lien fraction/décimaux, les élèves du groupe le plus faible ont le degré de certitude le plus élevé des trois groupes (3,065) alors que leur score moyen de réussite pour ces deux items n'est respectivement que de 32,3 % et 19,4 %. Ces élèves utilisent des théorèmes en actes faux dont ils sont certains de la validité (ils associent généralement la fraction a/b au nombre décimal a,b), ce qui est préoccupant. En revanche, les élèves du groupe « moyen » sont moins sûrs de leurs réponses à ces deux items alors que leur score de réussite est plus élevé (respectivement 58,7 % et 44,4 %).

L'item le plus réussi par les élèves du groupe « faible » est affecté du degré de certitude le moins élevé, à l'exception de l'item 7. D'ailleurs, cet item, qui est le plus difficile, a des degrés de certitude les plus bas, parmi les trois groupes.

On peut être étonné de relever que chez les élèves du groupe « faible », les items les moins réussis (moins de 20 %) sont affectés de degrés de certitude supérieurs à 3 (items 5 et 6). Cela signifie que ces élèves ne réalisent pas que leurs connaissances mathématiques ne sont pas suffisantes pour réussir les tâches proposées.

On a souvent tendance à penser que les élèves en difficulté n'ont pas confiance en eux et que cela les pénalise à l'école, mais cette enquête nous amène à penser, même si nos degrés de certitude ne recouvrent pas totalement la notion de confiance, que ce qui est à l'œuvre au niveau de cette appréciation est plus complexe. Les travaux du groupe Reseida (Rochex, Crinon, 2011) ont montré que plusieurs phénomènes de différenciation des élèves étaient à l'œuvre à l'école et qu'il y avait notamment une différenciation « active » qui relevait, chez les enseignants, du souci de prendre en considération les différences et les difficultés qu'ils perçoivent chez les élèves et d'« adapter » les tâches, les exigences, les supports de travail ou les modalités d'aide qu'ils leur proposent. Si cette différenciation mène à proposer systématiquement aux élèves en difficulté des tâches plus simples afin de les rendre plus confiants, c'est un leurre très préjudiciable que le système scolaire impose à ces élèves qui seront encore plus violemment confrontés à la réalité de leur niveau scolaire à l'entrée au collège.

CONCLUSION

Cette étude avait initialement pour but d'explorer l'évaluation par QCM en fin d'école primaire afin de préparer le prochain bilan Cedre de la DEPP. Elle nous a amenées à nous interroger sur les stratégies que les élèves pouvaient utiliser lorsqu'ils étaient confrontés à ce type d'évaluation, peu courante dans le système scolaire français sauf pour les évaluations nationales. Cette méthode d'évaluation n'avait, à notre connaissance, pas fait l'objet d'une étude spécifique dans le cadre de l'école primaire.

Nous avons constaté que les élèves de l'école primaire n'adoptaient pas un type de stratégie unique pour résoudre les tâches auxquelles ils étaient confrontés, mais qu'ils en changeaient suivant la nature de ces tâches. Les stratégies utilisées dépendaient également de leur niveau de connaissances en mathématiques. Ainsi, les élèves les plus faibles étaient plus enclins à utiliser des stratégies de repli ou de substitution, même s'ils rechignaient à choisir leurs réponses totalement au hasard. Il semble qu'un contrat didactique s'opère dans le cadre de ce type d'évaluation, ne permettant pas aux élèves d'envisager cette stratégie comme scolairement acceptable, à moins qu'ils n'aient pas suffisamment de recul pour utiliser le hasard comme recours possible.

Les items relatifs au lien entre écriture décimale et fraction ont produit des résultats assez inquiétants, car au-delà des scores de réussite assez faibles et du choix de distracteurs témoignant d'une mauvaise compréhension des décimaux, ils nous ont alertées sur le fait que les élèves utilisent des règles erronées qu'ils appliquent avec un degré de certitude élevé. Ne pas maîtriser certaines connaissances fondamentales en mathématiques à la fin de l'école n'est pas en soi le constat le plus regrettable, c'est plutôt celui d'avoir l'assurance de maîtriser ces connaissances, alors qu'il n'en est rien, qui l'est davantage. On peut alors s'interroger sur la responsabilité des enseignants lorsqu'ils différencient leurs pratiques suivant les élèves, en privilégiant une entrée psychologique plutôt qu'épistémique.

Nathalie Sayac

ANNEXE – LE TEST

NOM :   Prénom :

F ❑   G ❑   Classe :

1. Dans une heure, combien y a-t-il de secondes ?

❑   360 secondes
❑   3 060 secondes
❑   3 600 secondes
❑   6 300 secondes

1. Pas sûr du tout   2. Pas très sûr
3. Sûr   4. Sûr et certain

2. ABCD est un rectangle dont la largeur est 5 cm. Quelle doit être la longueur de ce rectangle pour que son périmètre soit égal à 30 cm ?

❑   6 cm
❑   10 cm
❑   25 cm
❑   14 cm

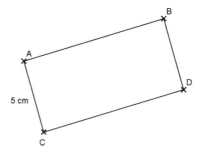

1. Pas sûr du tout   2. Pas très sûr
3. Sûr   4. Sûr et certain

3. À quel nombre correspond la fraction $\frac{62}{10}$?

❏   6,2
❏   0,62
❏   62,10
❏   620

1. Pas sûr du tout   2. Pas très sûr
3. Sûr   4. Sûr et certain

4. Lorsqu'on divise 872 par 100, on obtient :

❏   0,872
❏   8,72
❏   87,20
❏   87 000

1. Pas sûr du tout   2. Pas très sûr
3. Sûr   4. Sûr et certain

5. Sophia va à la boulangerie et achète 3 croissants à 1,20 € l'un.
Elle paie avec un billet de 10 €. Combien lui rend la caissière ?

❏   7,20 €
❏   3,60 €
❏   8,80 €
❏   6,40 €

1. Pas sûr du tout   2. Pas très sûr
3. Sûr   4. Sûr et certain

6. Quelle est la fraction égale à 237,8 ?

❑ $\dfrac{237}{8}$

❑ $\dfrac{2378}{100}$

❑ $\dfrac{2378}{10}$

❑ $\dfrac{237}{10}$

1. Pas sûr du tout   2. Pas très sûr

3. Sûr   4. Sûr et certain

7. Pour faire une bonne confiture, il faut mettre 300 g de sucre pour 400 g de fruits. Combien faut-il mettre de sucre pour 1 kg de fruits ?

❑   600 g
❑   700 g
❑   750 g
❑   800 g

1. Pas sûr du tout   2. Pas très sûr

3. Sûr   4. Sûr et certain

ÉVALUER UN TEXTE EN FRANÇAIS : DE L'IMPOSSIBLE OBJECTIVATION DES CRITÈRES DE NOTATION ?

LES ENJEUX DE L'ÉVALUATION

L'évaluation est perçue de manière très différente selon les acteurs qu'elle concerne et qui l'appréhendent, dans le champ de l'école, de la classe et hors la classe. En fonction des lieux et des enjeux, elle est tour à tour vécue comme mode de classement des élèves, force de coercition, instrument de pilotage des enseignements ou des politiques éducatives. Élèves, enseignants, institution scolaire et parents d'élèves portent chacun un regard spécifique sur le produit de l'évaluation et les conclusions auxquelles ses résultats conduisent. Pour l'enseignant évaluateur, l'objectif de l'évaluation est double.

En tant qu'évaluateur, l'enseignant établit des notations chiffrées dont dépendent le passage dans la classe supérieure et l'orientation des élèves dans le système scolaire, ainsi que le décrit plus haut dans cet ouvrage Roger-François Gauthier en évoquant « la mégamachine » à évaluer. En effet, tout au long de sa scolarité, un élève fait l'objet d'un nombre considérable d'évaluations chiffrées. La somme des évaluations réalisées au cours d'une année ou d'un cycle scolaire peut donner l'illusion de résultats objectivés par une mesure instituée en norme de jugement, dont il convient dès lors de préciser les critères.

En tant qu'enseignant soucieux de faire progresser ses élèves, ce même enseignant programme des évaluations formatives censées lui fournir des outils de mesure des compétences en cours d'acquisition et permettre aux élèves de prendre conscience des écarts à la performance attendue dans une activité donnée. Or certaines tâches, complexes pour l'élève, entraînent également une évaluation complexe pour l'enseignant confronté à des régimes docimologiques hétérogènes. À la complexité de cette évaluation s'ajoute l'omniprésente subjectivité inhérente à toute forme de jugement. Évaluer relève en effet d'un processus d'interprétation où faire preuve de neutralité demeure un vœu pieu, le jugement scolaire se trouvant le plus souvent influencé par des facteurs extérieurs à l'enjeu intrinsèque de l'évaluation. Le prologue de Marc Bru à cet ouvrage met en évidence les fréquents écarts de notation qui rendent compte du caractère parfois aléatoire de l'attribution d'une note, laquelle a pourtant un impact important sur le parcours et l'insertion professionnelle des élèves.

L'ÉVALUATION D'UNE TÂCHE COMPLEXE : LA PRODUCTION DE TEXTE

L'évaluation de production de texte constitue un exemple particulièrement éclairant d'évaluation complexe d'une tâche elle-même complexe. Quel objet évalue l'enseignant quand il évalue une production d'écrit ? Entre l'enseignant évaluateur et l'élève évalué existe souvent un malentendu qui fausse les règles du jeu. C'est la raison pour laquelle les analyses d'écrits d'élèves ont donné lieu, depuis plusieurs décennies, à des réflexions sur l'objectivation des critères d'évaluation (Groupe Eva, 1991). La recherche en didactique de la production s'est alors donné pour objectif la formulation des critères d'évaluation afin de rationaliser l'évaluation « impressionniste » souvent vilipendée et la fréquente incompréhension par les élèves des raisons à l'origine de la note qu'ils obtenaient. L'élaboration de grilles d'évaluation critériées a fourni une réponse à l'un des problèmes posés.

Les travaux de psychologie cognitive et la manière dont ceux-ci permettent d'approcher les procédures en œuvre dans l'activité d'écriture ont conduit à s'intéresser autant au processus de l'activité d'écriture qu'à son produit. Le transfert des résultats de ces recherches dans le domaine de l'enseignement a mis en évidence le rôle formateur de l'évaluation, lorsqu'elle est utilisée à de telles fins. Cependant les points de vue de l'enseignant et de l'évaluateur, qui ne sont qu'une seule et même personne, dans le contexte de l'activité quotidienne d'enseignement, correspondent à deux rôles qui se superposent, entraînant parfois une concurrence de normes.

Cette concurrence de normes, qui peut, en certaines circonstances, devenir conflit de normes, est plus particulièrement à l'œuvre dans la discipline du français. La sous-disciplinarisation (Rayou et Ripoche, 2008) caractérise l'enseignement et l'apprentissage du français, cloisonné – en dépit des réformes visant à favoriser une approche intégrée – en autant de segments d'enseignement que la pratique de la lecture, du vocabulaire, de l'orthographe, de la grammaire, de l'oral, de la production de textes...

Une étude a mis au jour l'intérêt spécifique accordé aux erreurs relevant de la grammaire de phrase dans les pratiques de notation des futurs enseignants de lycée en formation (Van Beveren, Dumortier et Dipsy, 2013). Il y apparaît que ces enseignants s'acquittent de leur tâche d'évaluateur sans mesurer l'aspect formatif de l'acte d'évaluer. La même tendance se constate avec des élèves plus jeunes ; une étude récente sur le poids du facteur linguistique dans l'évaluation de la production d'écrit a montré la faible prise en compte de la créativité (Lavieu-Gwozdz, 2013). Elle affirme que sur 105 enseignants ayant corrigé les mêmes copies, 62 % classent en priorité tous les critères de langue, 54 % la créativité, 35 % la construction syntaxique, 26 % la correction orthographique, 27 % le caractère ingénieux des péripéties mises en scène, 15 % mettant l'accent sur la richesse et la pertinence du vocabulaire. La correction linguistique est donc privilégiée, mais de manières diverses. Ainsi évalue-t-on de même et différemment au sein d'une même discipline.

Les critères d'évaluation qui entrent en concurrence dans une évaluation sommative, et même formative, reflètent l'interpénétration des différents domaines relatifs à la production de texte en français. Ce brouillage des compétences d'écriture se retrouve dans les annotations, tout comme dans la notation.

Les aptitudes rédactionnelles constituent, d'une manière générale, un tronc commun de compétences où le curseur de la notation se déplace à partir de critères subjectifs dans un intervalle de notes aléatoire. Des recherches, certes anciennes, mais confirmées dans les observations quotidiennes actuelles, ont conclu au caractère différentiellement aléatoire des notes attribuées en mathématiques et en français : il ne faudrait pas moins de treize correcteurs pour obtenir une note moyenne « juste » en mathématiques, alors qu'en français, une note pondérée supposerait la prise en compte de soixante-dix-huit corrections dont il s'agirait d'établir la moyenne (Piéron *et al.*1962).

UNE RECHERCHE PORTANT SUR L'ÉVALUATION DIFFÉRENTIELLE

Nous essaierons de montrer comment la pluralité des critères objectivables par – et pour – l'enseignant correcteur d'une production d'écrit, supposent d'être rendus lisibles pour les élèves, dans le cadre d'une pédagogie explicite. Nous tenterons également de mettre en évidence les limites de cette lisibilité en fonction des partis pris hétérogènes de la communauté des enseignants en matière d'évaluation de textes narratifs.

Évaluer un texte suppose ainsi une appréhension globale et intégrée dans laquelle pèsent lourdement les présupposés et les représentations, d'où la forte subjectivité de l'évaluation de textes obéissant à la prise en compte de faisceaux de normes complexes. C'est pourquoi nous avons mis en évidence à partir d'un échantillon de notre corpus les différentiels de notes établies par des évaluateurs différents et, en regard, les commentaires qui pourraient les justifier.

L'étude[13] dont sont présentés ici les premiers résultats concerne l'évaluation de vingt-trois textes écrits par des élèves de cours moyen deuxième année qui ont rédigé une suite de texte consécutive à la lecture d'un extrait de *L'Oiseau d'or*[14].

L'évaluation chiffrée de ces textes a été effectuée par cinq correcteurs différents, enseignants de cours moyen deuxième année en deux temps distincts. Dans le premier, les copies manuscrites des élèves portant les traces des ratures, des hésitations et présentant les erreurs orthographiques coutumières à ce niveau de l'apprentissage du français ont été notées par ces cinq enseignants. Dans le deuxième, ces mêmes textes ont été saisis par les chercheurs et normalisés sur le plan de l'orthographe, de la syntaxe et de la ponctuation pour être soumis, un mois plus tard, à la correction des mêmes enseignants. Chaque correcteur a ainsi noté les vingt-trois textes, dans leur version manuscrite, puis dactylographiée.

Cette étude se donnait pour objectif de tester les hypothèses suivantes :
– Des productions écrites identiques sur le plan du contenu, mais différentes dans leur présentation, typographique et linguistique, seront évaluées différemment par le même correcteur.
– Les productions dactylographiées seront évaluées avec une plus grande bienveillance que les productions manuscrites, orthographe, ponctuation et calligraphie contribuant à l'intelligibilité de l'énoncé et donc à sa cohérence.

---

[13] Cette recherche, conduite en collaboration avec Annick Cautela, s'appuie sur le volet d'un corpus constitué des copies de seize classes de cycle 3. Dans le cadre de ce chapitre, les résultats proposés correspondent à l'évaluation des textes produits par les élèves de l'une de ces classes.
[14] Mouloud Mammeri, *Contes berbères de Kabylie*, Pocket Jeunesse, 2000.

DIFFÉRENTIEL DE NOTES
ATTRIBUÉES PAR CINQ ÉVALUATEURS

	ÉVAL. 1	ÉVAL. 2	ÉVAL. 3	ÉVAL. 4	ÉVAL. 5
NOTES TEXTES DACTYLOGRAPHIÉS	14,21	11,08	11,73	11,56	10,91
NOTES TEXTES MANUSCRITS	8,91	8,73	8,65	9,65	8,17
DIFFÉRENTIEL DE NOTATION	5,3	2,35	3,08	1,91	2,74
MOYENNE DU DIFFÉRENTIEL	3,07				

MOYENNES DES NOTES
ATTRIBUÉES PAR CINQ ÉVALUATEURS

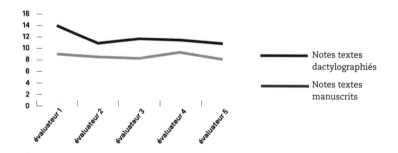

L'analyse des résultats tend à indiquer une différence sensible, selon l'évaluateur, entre les moyennes des notes attribuées à l'ensemble des vingt-trois productions. Ces notes moyennes oscillent entre 8,17/20 et 14,21/20, ce qui traduit un écart de moyennes entre évaluateurs pouvant aller jusqu'à 6,04 points. Cela montre des différences d'un évaluateur à l'autre et pour le même évaluateur d'une version manuscrite à la version dactylographiée correspondante.

Concernant la différence de notation des productions écrites des élèves entre la version manuscrite et la version dactylographiée, le différentiel de notation pour le même contenu est de 3,07 points pour l'ensemble des correcteurs. Il est toutefois à remarquer que cette différence n'est elle-même pas homogène, allant de 1,91 point pour l'évaluateur 4 à 5,3 points pour l'évaluateur 1.

L'analyse des résultats des évaluations des productions manuscrites indique que la moyenne de la classe varie peu. On constate un écart de 1,48 point du correcteur le plus sévère au correcteur le plus généreux (8,17 pour le correcteur 5 vs 9,65 pour le correcteur 4).

Lorsque l'on s'intéresse aux versions dactylographiées, on constate, d'une part des notations relativement homogènes pour les évaluateurs 2, 3, 4 et 5 – comprises entre 10,91 et 11,73 – et d'autre part, un écart important par rapport aux pratiques de notation de l'évaluateur 1, qui atteint la note de 14,21. Nous approfondirons plus loin dans cet article les raisons de cet écart. Les productions de textes dactylographiées reçoivent toujours une note plus élevée que les versions manuscrites.

Pour appréhender plus finement les processus en jeu dans l'évaluation, il convient de ne pas s'en tenir à la moyenne de la classe, mais d'observer plus précisément les résultats individuels des élèves[15]. Intéressons-nous d'abord aux évaluations des textes manuscrits.

---

[15] Les prénoms des élèves ont été modifiés afin de conserver leur anonymat.

ÉVALUATION SOMMATIVE
DES PRODUCTIONS MANUSCRITES

	ÉVAL. 1	ÉVAL. 2	ÉVAL. 3	ÉVAL. 4	ÉVAL. 5
ANNA	17	18	18	17	17
BOGDAN	9	9	12	10	7
CATLEEN	10	9	12	4	6
CYAN	8	9	7	12	9
DAMIAN	10	8	9	9	8
DOUNIA	7	9	9	9	10
EMILE	11	8	14	7	6
EMILIE	5	7	5	12	12
FLORIAN	11	9	7	12	8
HUGO	11	10	7	6	4
JADE	12	12	14	14	12
KIARA	8	11	7	8	7
LAURA	11	9	8	11	8
LILIA	11	11	8	8	7
MARC	4	5	7	5	12
NAMADJA	7	8	7	8	10
PRISCILLE	8	6	9	11	8
QUENTIN	8	9	6	5	8
SACHA	8	8	7	11	9
SHANA	5	6	6	6	2
SONIA	7	6	7	8	5
THÉO	10	6	5	10	7
VALENTINE	7	8	7	7	5

Les résultats des différentes évaluations font ressortir deux aspects. Le premier, qui n'est guère original, confirme l'existence d'un écart de notation chiffrée pour un même texte évalué par des correcteurs différents. Nous avons en effet pu constater, à partir de l'analyse des notes attribuées, que le même texte reçoit une note variable selon le correcteur qui l'évalue. Cette moyenne est le reflet d'écarts qui peuvent aller jusqu'à 8 points pour certaines copies ; c'est le cas de celle de Marc, dont les notes extrêmes s'échelonnent de 4 à 12.

Le deuxième a trait aux poids conjugués du facteur linguistique et de la présentation entre une version calligraphiée et la même version dactylographiée et normalisée du point de vue linguistique. Les écarts de notation du texte du même élève – version manuscrite (VM) *vs* version dactylographiée (VD) – concernent 22 textes sur 23.

ÉVALUATION SOMMATIVE
DES PRODUCTIONS DACTYLOGRAPHIÉES

	ÉVAL. 1	ÉVAL 2	ÉVAL. 3	ÉVAL. 4	ÉVAL. 5
ANNA	18	17	18	17	18
BOGDAN	15	11	13	12	12
CATLEEN	16	12	13	7	9
CYAN	15	10	14	14	11
DAMIAN	16	11	10	13	4
DOUNIA	18	11	11	14	13
EMILE	18	9	14	15	14
EMILIE	14	8	11	13	13
FLORIAN	13	15	15	13	10
HUGO	12	16	11	9	10

	ÉVAL. 1	ÉVAL 2	ÉVAL. 3	ÉVAL. 4	ÉVAL. 5
JADE	18	18	17	15	16
KIARA	15	11	12	11	9
LAURA	15	11	13	12	11
LILIA	14	12	9	13	11
MARC	10	9	11	7	13
NAMADJA	14	9	10	10	12
PRISCILLE	14	9	12	13	10
QUENTIN	12	10	7	7	9
SACHA	16	10	13	14	12
SHANA	12	7	10	8	9
SONIA	10	8	8	9	6
THÉO	12	8	7	11	10
VALENTINE	10	13	11	8	10

Enfin, nous constatons que les textes les plus généreusement notés sont les textes dactylographiés et normalisés sur le plan de la forme. Les écarts les plus importants concernent les textes des élèves davantage en difficulté : la ressaisie de leur production par l'expérimentateur donne à celle-ci une valeur ajoutée prise en compte par les évaluateurs qui valorisent les aspects typographique et linguistique.

En revanche, le seul texte noté à l'identique par quatre correcteurs sur cinq dans sa version manuscrite (VM) et dans sa version dactylographiée (VD) est le texte d'une excellente élève.

ÉVALUATION COMPARÉE DES VERSIONS MANUSCRITES ET DACTYLOGRAPHIÉES

	CORR.1 [VM]	CORR.1 [VD]	CORR.2 [VM]	CORR.2 [VD]	CORR.3 [VM]	CORR.3 [VD]	CORR.4 [VM]	CORR.4 [VD]	CORR.5 [VM]	CORR.5 [VD]
ANNA	17	18	18	17	18	18	17	17	18	18
BOGDAN	9	15	9	11	12	13	12	12	7	12
CATLEEN	10	16	9	12	12	13	10	7	6	9
CYAN	8	15	9	10	7	14	14	14	9	11
DAMIAN	10	16	8	11	9	10	13	13	8	4
DOUNIA	7	18	9	11	8	11	9	14	10	13
EMILE	11	18	8	9	14	14	7	15	6	14
EMILIE	5	14	7	8	5	11	13	13	12	13
FLORIAN	11	13	9	15	7	15	13	13	8	10
HUGO	11	12	10	16	7	11	9	9	4	10
JADE	12	18	12	18	14	17	14	15	12	16
KIARA	8	15	11	11	7	12	11	11	7	9
LAURA	11	15	9	11	8	13	13	12	8	11
LILIA	11	14	11	12	8	9	8	13	7	11
MARC	4	10	5	9	7	11	5	7	12	13
NAMADJA	7	14	8	9	7	10	8	10	10	12
PRISCILLE	8	14	6	9	9	12	6	13	8	10
QUENTIN	8	12	9	10	6	7	5	7	8	9
SACHA	8	16	8	10	7	13	11	14	9	12
SHANA	5	12	6	7	6	10	6	8	2	9
SONIA	7	10	6	8	7	8	8	9	5	6
THÉO	10	12	6	8	5	7	10	11	7	10
VALENTINE	7	10	8	13	7	11	7	8	5	10

L'instabilité récurrente des critères de notation touche la majorité des élèves, de niveau faible, moyen, ou bon, alors que les élèves très performants se voient attribuer des notes beaucoup plus homogènes. L'évaluation d'un texte narratif relève de critères nombreux dont la prise en compte varie selon les conceptions et les représentations des évaluateurs. La juste évaluation se révèle donc impossible dans la mesure où elle ne parvient ni, parfois, ne cherche à prendre en compte ces espaces d'incertitude.

C'est pourquoi nous avons complété l'analyse des notes chiffrées par des entretiens semi-directifs menés avec les cinq enseignants évaluateurs sollicités pour l'évaluation des textes des deux corpus, afin d'établir une corrélation entre leurs partis pris de notation et les critères qu'ils priorisent.

ENTRETIENS AVEC LES ÉVALUATEURS

Quelques fragments d'entretiens avec les correcteurs nous permettent d'avancer leurs arguments et d'appréhender le poids de la présentation de surface (calligraphie et orthographe) et d'autres critères textuels dans leurs jugements évaluatifs.

Les évaluateurs 1 et 3 sont ceux pour lesquels l'écart de notation entre la version manuscrite et la version dactylographiée est le plus important. Les propos recueillis lors de l'entretien semi-directif conduit auprès d'eux fournissent des éléments de justifications de leurs pratiques d'évaluation :

Évaluateur 1

« J'avoue être sensible à ce que j'appellerais l'esthétique de la copie. Ce qui me fera davantage pencher vers une note plus positive, c'est surtout le fait que les travaux corrigés révèlent par leur calligraphie une attitude négative envers le travail que j'interprète à tort ou à raison comme une marque d'irrespect à mon égard. Par ailleurs, le fait qu'un travail très agréable à parcourir vienne après plusieurs travaux peu soignés influence aussi favorablement la note que j'attribue. »

Évaluateur 3

« Je suis incapable de faire abstraction des défaillances d'orthographe si elles sont trop fréquentes et que cela détourne mon attention du contenu. Il est vrai qu'avec mes propres élèves je réagirais différemment et je tiendrais compte des éventuels progrès et serais plus indulgente, surtout si nous en avons parlé en classe. »

On peut en revanche constater, chez les évaluateurs dont les notes ont plus faiblement varié entre production de textes manuscrite et dactylographiée, une focalisation moins importante sur la forme, au profit de la prise en compte des qualités textuelles :

Évaluateur 2

« Pour moi, une production d'écrit réussie respecte en premier lieu la structure logique du récit, qui montre que le raisonnement de l'élève est cohérent. »

Évaluateur 4

« Ce qui peut influencer mon opinion sur une production d'écrit est l'originalité et des remarques humoristiques qui me rendent la lecture plus agréable. Lorsque certains élèves osent des comparaisons inédites, mais pertinentes, j'ai tendance à les survaloriser. »

On perçoit chez l'évaluateur 5 une conscience du poids du facteur formel, qui pour autant est pondéré par d'autres critères de notation :

Évaluateur 5

« Si c'est mal écrit et que l'orthographe est défaillante, je relis le texte plusieurs fois pour ne pas pénaliser l'élève. Mais je crois que je suis quand même influencée et que je mets de mauvaises notes. »

Il est intéressant d'observer que si trois sur cinq des évaluateurs consultés mentionnent l'importance de la calligraphie et/ou de l'orthographe dans l'évaluation sommative à laquelle ils procèdent, l'ensemble d'entre eux attribue une note inférieure à 22 copies manuscrites sur 23 par rapport aux écrits dactylographiés correspondants, même s'ils n'ont pas jugé utile de le mentionner dans l'entretien.

CONCLUSION

Les conclusions partielles et provisoires auxquelles nous conduit cette recherche exploratoire font apparaître que les critères mobilisés lors d'une évaluation de production d'écrit sont hétérogènes et ont un poids différent selon les évaluateurs. Cette activité scolaire, qui semble ainsi fortement différenciatrice, nécessite, pour pallier les malentendus, une explicitation des critères d'appréciation des textes.

Le lecteur évaluateur attend que l'auteur de la copie fasse montre de nombreuses compétences en matière d'écriture d'invention. La tension entre des réseaux de contraintes parallèles, micro et macrotextuels crée une échelle d'évaluation assez étendue, selon que celle-ci prend en compte un plus ou moins grand nombre de critères difficiles à établir et à neutraliser pour l'enseignant, et plus encore à appréhender pour l'élève. La lisibilité des critères d'évaluation – recommandée par Philippe Watrelot au cours des débats qui ont suivi la conférence de consensus – apparaît bien comme une piste de réflexion essentielle pour penser l'évaluation en congruence avec la réussite des apprentissages.

Évaluer consiste à la fois à juger et à donner une valeur à partir de la subjectivité – constitutive de la dimension éducative – d'où le jugement de valeur qui remet en question l'apparente neutralité de la note ou du processus d'évaluation. Celui-ci produit en effet des informations et des valeurs, lesquelles demandent à être objectivées pour permettre la régulation des apprentissages.

Pourtant, la double logique à l'œuvre dans l'acte évaluatif – logique de sélection *vs* logique de régulation – n'est souvent perçue par l'élève que selon le premier de ses aspects. Le sens et la fonction de l'évaluation peuvent alors devenir un frein à son activité. C'est pourquoi, en termes d'évaluation, il importe de s'orienter résolument vers une action unificatrice du sens des apprentissages et de la formation (Mottier Lopez et Figari, 2012), en défendant, avec Martine Rémond (2007), une forme d'évaluation intégrée aux apprentissages.

Brigitte Marin

UNE TERMINOLOGIE PEU STABILISÉE ET DIVERSEMENT ADOPTÉE

Constat récurrent : lorsqu'il est question d'évaluation, la terminologie peu stabilisée ne manque pas d'induire de faux débats ou pour le moins des malentendus sur fond d'assimilations trop rapides et de simplifications qui font courir le risque d'éloigner la réflexion des enjeux pédagogiques, institutionnels et politiques.

Les dictionnaires et ouvrages consacrés à l'évaluation ne manquent certes pas. Ils apportent de précieux éléments de définition et d'analyse des faits et actes évaluatifs. Publiés à la fin des années 1970 le *Vocabulaire de l'éducation* (Mialaret, 1979) et le *Dictionnaire de l'évaluation et de la recherche en éducation* (De Landsheere, 1979) ont fortement contribué à l'émergence d'un lexique de l'évaluation. On leur doit d'avoir précisé les distinctions entre évaluation continue, évaluation diagnostique, évaluation formative, évaluation sommative ou entre évaluation des produits et évaluation des processus, comme on doit à Jean-Marie De Ketele (1984) d'avoir proposé une grille d'analyse permettant de s'interroger sur la ou les fonction(s) de l'évaluation, sur ses objets (qu'est-ce qui est effectivement évalué ?), sur l'-les auteur-s de l'évaluation et sur les procédures et moyens de l'évaluation.

Pour autant, à l'intérieur comme à l'extérieur du système scolaire les débats ont toujours du mal à se libérer des habitudes, des conceptions dominantes ou des fausses évidences. Les exemples seraient nombreux : évaluation conçue aux seules fins d'un classement des élèves, évaluation réduite à un contrôle, évaluation obligatoirement quantitative, confusion entre suppression de la notation et suppression de l'évaluation, dérive fonctionnelle de l'évaluation formative récupérée à des fins sommatives ou certificatives, assimilation de l'évaluation des acquis des élèves à l'évaluation des élèves, à l'évaluation de l'enseignement, à l'évaluation des enseignants, à l'évaluation de l'école ou de l'établissement...

Un tel constat appelle vigilance et discernement aussi bien dans le cadre des activités internes au système éducatif que dans celui des relations entre ce dernier et ses environnements, car l'écart peut être grand entre les conceptions de l'évaluation qui circulent en milieu scolaire et les représentations et attentes qui s'expriment dans la société en général.

INTÉRÊT ET LIMITES D'UN PERFECTIONNEMENT

Sur le plan technique, l'analyse des pratiques d'évaluation a depuis longtemps mis l'accent sur les faiblesses de procédures installées de longue date et au sujet desquelles nul ne semblait plus s'interroger. Ainsi, de la conception des situations ou des épreuves d'évaluation (dont les formes peuvent varier de la dissertation au QCM[1]) aux

[1] Voir texte de N. Sayac.

conclusions prenant appui sur leurs résultats, ont pu être posées la question des indicateurs et critères, celle de la comparabilité des notes, celle des effets d'un changement des conditions de passation, celle des qualités de la mesure, celle de la généralisibilité ou celle encore de l'interprétation parfois abusive des indices calculés. Mais si l'examen critique de ces différents aspects de l'évaluation, pour la plupart techniques, peut constituer un levier de progression, il reste que l'évaluation ne se réduit pas à ses dimensions métrologiques et techniques.

Reconnaître une nécessaire rigueur sur ces dimensions ne dispense pas de poursuivre l'exploration d'autres volets de l'évaluation et en particulier :
– d'insister sur la façon dont l'évaluation a un impact sur les rapports de ses acteurs (évaluateurs et évalués) aux savoirs et aux apprentissages, impact certainement différent selon la place accordée à l'évaluation normative et à l'évaluation critériée[2];
– d'identifier les principaux processus qui, en matière d'évaluation, ne sauraient se réduire à une mesure de conformité à une norme intangible ;
– de réunir des éléments qui montrent que les pratiques et procédures d'évaluation contribuent à la structuration interne de l'organisation scolaire et à la structuration des relations du scolaire à ses environnements.

ÉVALUATION ET APPRENTISSAGES

L'idée que l'évaluation fait partie intégrante des apprentissages est certainement une des raisons qui ont conduit à reconnaître l'intérêt d'une évaluation qui ne se réduise pas à un inventaire des acquis, mais qui, sans s'y opposer, cherche à identifier ce

[2] Voir texte de P. Watrelot.

qui se passe lorsqu'un élève est en situation d'apprentissage, face à la réalisation d'une tâche. Ainsi peut-il être question d'évaluation formative ou d'évaluation diagnostique.

Considérer que l'évaluation fait partie intégrante de l'apprentissage en se donnant les moyens d'être attentif à la façon dont l'élève s'y prend pour produire une réponse ou résoudre un problème ouvre des perspectives d'analyse des procédures et des processus qu'il mobilise ou pas. La prise en compte et l'étude fine des réussites ou des erreurs permet de comprendre la démarche des élèves et apporte des éléments pour concevoir l'aide qui peut leur être apportée.

Si cette voie offre sans aucun doute de nombreuses possibilités pour l'accompagnement des élèves dans leurs apprentissages, il faut en mesurer les exigences notamment quant aux formes et modalités d'évaluation à concevoir et à mettre en œuvre. Ne pas se contenter d'évaluer des connaissances déclaratives et tenter de saisir comment interviennent ou n'interviennent pas les connaissances et les processus métacognitifs lors de la réalisation d'une tâche, cela suppose prioritairement de disposer d'épreuves d'évaluation ciblées (on ne peut pas tout évaluer en même temps), pertinentes et valides surtout lorsqu'il s'agit de compétences complexes. S'intéresser aux dimensions cognitives et métacognitives suppose également de la part de l'enseignant une adaptation de ses propositions d'évaluation aux progressions des élèves, suppose encore que soit trouvé un équilibre d'ensemble entre les différents buts de l'évaluation, car évaluer pour comprendre ce que fait l'élève en situation d'apprentissage ne peut être exclusif du bilan de ses acquisitions.

Intégrer l'évaluation aux apprentissages, c'est se départir de la conception assez largement installée qui ramène l'évaluation à une sanction négative des erreurs. Si pour les élèves, se tromper c'est être pénalisé, on comprend qu'en l'absence d'une mise en confiance explicite et loyale, il ne faut pas s'attendre, sans retenue de leur part, à un engagement dans la formulation de réponses ou de solutions.

AU CŒUR DES PROCÉDURES, LES PROCESSUS

L'évaluation, conçue comme contrôle de conformité, semble en première approche, relever d'une procédure simple et transparente : il suffirait pour obtenir le résultat de l'évaluation, d'établir l'écart entre ce qui est produit par l'élève (si on reste dans le domaine scolaire) et une référence ou un niveau fixé par avance. La pratique courante consistant, au final, à rapporter le résultat sur une échelle quantitative de notation.

Il n'est certainement pas inutile de s'interroger sur la prétendue simplicité ou transparence de cette procédure : tous les évaluateurs accordent-ils la même importance aux différents éléments évalués (éléments de reproduction, de formalisation, de créativité[3]...) ? Ces éléments sont-ils bien en rapport avec les objectifs d'apprentissage ? Comment la référence a-t-elle été fixée et par qui ? Que devient le résultat après sa traduction en note et à qui, à quoi, sert-il ? Autant de questions qui portent le regard sur les processus au cœur de ce qui pouvait paraître ne relever que d'une suite d'étapes procédurales parfaitement coordonnées.

Si l'évaluation est entendue dans la diversité de ses fonctions, de ses formes et de ses modalités et non plus seulement comme une opération de contrôle, l'identification et la connaissance des processus qui la caractérisent dans son inscription temporelle et contextuelle présentent plus encore que dans le cas d'une procédure de contrôle un intérêt pour l'analyse et pour l'action.

[3] Voir texte de B. Marin.

Son intégration à l'apprentissage situe l'évaluation au sein de la dynamique des activités cognitives et métacognitives. Tout aussi importante peut être la place de l'évaluation conçue comme levier de développement professionnel en formation initiale ou continue des enseignants. L'évaluation peut concourir aux processus conjoints du développement opératoire et identitaire des enseignants.

Ainsi peut-on avancer que, certes sous certaines conditions (qui, en formation des enseignants, ne sauraient être réduites à l'application de procédures standardisées[4]), l'évaluation fait partie de la dynamique mobilisatrice des ressources qui entrent dans la construction et l'exercice des compétences aussi bien pour élèves que pour les enseignants.

L'analyse fait apparaître également l'importance du processus de « référentialisation » qui, en fonction des choix évaluatifs, peut être différemment décliné selon par exemple que ces choix privilégient une hétéroévaluation ou une autoévaluation. Dans le premier cas, le référent (la norme de référence) et la relation qui le lie au référé (par exemple les éléments qui sont réunis par application d'une épreuve) sont établis sans la participation des personnes dont on évalue les acquis ou les compétences. Dans le second, comme dans l'évaluation formatrice, référent et relation référent-référé font l'objet d'un travail concerté et parfois contradictoire entre les acteurs de l'évaluation, la concertation pouvant relever d'une négociation.

Plus largement d'ailleurs, quel que soit le choix évaluatif, la négociation est souvent présente de façon explicite ou implicite (les non-dits de l'évaluation) : négociation entre enseignants et élèves au sujet d'enjeux d'apprentissage, didactiques ou relationnels, négociation interne au sein de l'école ou de l'établissement

[4] Voir texte de F. Longuet.

au sujet d'enjeux relevant d'objectifs pédagogiques partagés ou de la hiérarchisation des disciplines, négociation avec les partenaires extérieurs (parents ou autorités) au sujet d'enjeux liés à la reconnaissance d'un enseignant, d'une équipe ou liés à l'image et à la renommée d'une école ou d'un établissement.

Parmi les processus internes à l'évaluation, ceux qui sont désignés comme agissant sur le jugement professoral ou jugement scolaire ne sont pas non plus à négliger. Leur identification met au jour des phénomènes pour la plupart non intentionnels, mais qui témoignent de biais qui, immanquablement, conduisent à des interprétations et des jugements erronés ou discutables. La façon de présenter une épreuve, le contexte de réalisation de la tâche ne sont jamais neutres : faire état du niveau des élèves avant de leur demander de répondre peut jouer inégalement sur leurs performances ; situer la tâche demandée dans un contexte ludique n'a pas le même effet sur les résultats que lorsque la même tâche est reliée explicitement à un enjeu scolaire majeur ; ignorer que les élèves peuvent agir en réaction à la menace du stéréotype qui caractérise leur groupe social peut conduire à des jugements que l'on croit, à tort, porter effectivement sur leurs capacités, leurs compétences ou leurs performances alors que l'expression de ces dernières est fortement contrariée.

LES EFFETS STRUCTURANTS DE L'ÉVALUATION

Par la place qu'elle occupe dans le système scolaire, l'évaluation ne manque pas d'avoir des effets structurants au sein du fonctionnement et de l'organisation interne d'une école ou d'un établissement. Ces effets peuvent être en parfaite adéquation avec les objectifs scolaires déclarés, comme ils peuvent, à l'analyse, se révéler contre-productifs ou pour le moins extérieurs à ces mêmes objectifs.

Chaque établissement privilégie des représentations, des attentes, des valeurs et des normes que les pratiques évaluatives reprennent, confortent ou même contribuent à créer. Les exemples ne manquent pas qui montrent que l'évaluation est traversée par de multiples finalités ou intérêts, qu'il soient individuels ou collectifs : que devient la note attribuée par un enseignant dans les circuits de traitements quantitatifs effectués à des fins de comparaison alors que la comparabilité est loin d'être assurée ? Comment lors d'un conseil de classe un groupe de notes est interprété et utilisé pour décider de l'orientation d'un élève ? La même note n'a-t-elle pas une signification différente selon la norme de sévérité ou d'indulgence qui caractérise une équipe ou un établissement ? Les logiciels dédiés au traitement des résultats des élèves et à l'édition du bulletin de notes ne confortent-ils pas bien souvent des interprétations abusives par des calculs (parfois au centième de point !) dont on se demande quelle est la légitimité ou quel est l'intérêt pédagogique ?

Les effets structurants de l'évaluation ne sont également pas moindres pour ce qui est des rapports que l'établissement entretient avec ses environnements. La relation avec les parents s'établit lors des réunions parents-enseignants souvent sur la base des notes qui, si on n'y prend garde, peuvent être entendues comme ayant un caractère absolu et éloigner le dialogue d'éléments beaucoup plus pertinents pour accompagner la scolarité d'un élève.

Classements et palmarès régionaux ou nationaux contribuent fortement à l'image de chaque école ou établissement. On sait combien la presse s'applique tous les ans, avec ou sans nuances et précautions, à classer les lycées sur la base des résultats au baccalauréat. Bien que ce ne soit pas leur objectif affiché, les évaluations nationales induisent, elles aussi, sur fond de marché scolaire, des comparaisons dont il faudrait d'abord s'assurer de la validité.

L'évaluation fait partie du fonctionnement social ordinaire et renvoie à la façon dont chacun-e ou chaque groupe accorde un intérêt, une importance, une valeur, un jugement à tel objet, telle conduite, telle organisation. Pour autant, la généralité du jugement évaluatif dans la vie sociale ne dispense pas de l'élucidation des processus évaluatifs et de leurs effets structurants (ou sclérosants) lorsqu'il s'agit du domaine scolaire dans le cadre duquel l'évaluation gagne à s'inscrire dans une fonction critique. Le nécessaire travail d'analyse du processus de référentialisation en est un exemple, car la façon de produire des référents et d'élaborer les rapports référents-référés est bien une façon de fonder des valeurs dans/pour un groupe social ou une organisation.

QUELLE(S) CULTURE(S) DE L'ÉVALUATION ?

Évoquer, promouvoir une culture de l'évaluation peut laisser penser que face aux difficultés et faiblesses des pratiques en cours, il suffit de combler un déficit de culture. Mais de quelle culture de l'évaluation s'agit-il ?

Si comme indiqué plus haut, l'évaluation relève d'une fonction critique, l'inscription de cette fonction dans les débats pédagogiques, institutionnels ou sociaux est une condition pour qu'elle prenne réalité. Il ne peut alors qu'être question de cultures au pluriel. D'abord parce qu'à l'un ou l'autre des niveaux du système éducatif chaque groupe social possède une culture de l'évaluation qui, sans être forcément homogène et immuable, lui est caractéristique. Ensuite parce qu'au sein de la société, et à plus forte raison au niveau international[5], fonctionnent des cultures différentes de l'évaluation et des rapports qu'elle

---

[5] Voir texte de R.-F. Gauthier.

entretient avec les apprentissages ou avec la formation des enseignants, même s'il faut reconnaître une tendance à l'homogénéisation sous les effets d'une culture dominante.

L'un des principaux thèmes de débat en matière de cultures de l'évaluation est bien celui des rapports entre plusieurs points de vue, conceptions ou orientations. Assez rapidement se pose la question de la force d'influence d'une culture de l'évaluation sur l'autre ou plus explicitement parfois celle de l'incompatibilité entre ces cultures. Le modèle managérial, l'application par voie descendante de standards conçus hors des contextes locaux, l'exclusivité d'un contrôle indifférent aux processus en jeu dans les pratiques sont-ils compatibles avec une évaluation au service de la progression des élèves dans leurs apprentissages, au service du développement des professionnels de l'enseignement et au service de l'éducation ?

Marc Bru

BIBLIOGRAPHIE

- Abelhauser Alain, Gori Roland, Sauret Marie-Jean, *La Folie évaluation. Les nouvelles fabriques de la servitude*, Paris, Mille et une nuits, 2011.
- Ardoino Jacques, Berger Guy, *D'une évaluation en miettes à une évaluation en actes*, Paris, Matrice, 1989.
- Barbier Jean-Marie, *L'Évaluation en formation*, Paris, Puf, 1985.
- Bressoux Pascal, Lima Laurent, La place de l'évaluation dans les politiques éducatives : le cas de la taille des classes à l'école primaire en France, dans G. Felouzis, S. Hanhart, *Gouverner l'éducation par les nombres ? Usages, débats et controverses*, Bruxelles, De Boeck, 2011.
- Butera Fabrizio, « Les notes contribuent à la discrimination et à la reproduction sociale » dans F. Butera, C. Buchs, C. Darnon (dir.), *L'Évaluation une menace ?*,Paris, Puf, 2011.
- Choppin, B. H.,*"Guessing the answer on objective tests"*, *British Journal of Educational Psychology*, n° 45, 1975.
- Désert Michel, Croizet Jean-Claude, Leyens Jacques-Philippe, « La menace du stéréotype : une interaction entre situation et identité », *L'année psychologique*, vol. 102, Paris, Puf, 2002.

- Felouzis Georges, Hanhart Siegfried, *Gouverner l'éducation par les nombres ? Usages, débats et controverses*, Bruxelles, De Boeck, 2011.
- Figari Gérard, *Évaluer : Quel référentiel ?*, Bruxelles, De Boeck, 1994.
- Groupe EVA, *Évaluer les écrits à l'école primaire*, Paris, Hachette-INRP, 1991.
- Huver Emmanuelle, Springer Claude, *L'Évaluation en langues*, Paris, Didier, 2011.
- Lafontaine Dominique, Blondin Christiane, *Regards sur les résultats des élèves en communauté française : Apports des enquêtes de l'IEA, de Pisa et des évaluations externes*, Bruxelles, De Boeck Supérieur, 2004.
- Landsheere Gilbert (de), *Dictionnaire de l'évaluation et de la recherche en éducation*, Paris, Puf, 1979.
- Lasswell Harold Dwight, « The Structure and Fonction of Communication in Society. » in E. Bryson (ed.) *The Communication of Ideas*. NY, IRSS, 1948.
- Lavieu-Gwozdz Belinda, « Évaluation et production d'écrits. Le poids du linguistique et de la créativité », *Le français aujourd'hui*, n° 181, 2013.
- Leclercq Dieudonné, *Qualité des questions et signification des scores*, Bruxelles, Labor, 1987.

– Leclercq Dieudonné, « L'évolution des QCM », dans G. Figari et L. Mottier Lopez, *Recherche sur l'évaluation en éducation*, Paris, L'Harmattan, 2006.

– Lipnevich A. A., Smith J. K., "I really need feedback to learn:" students' perspectives on the effectiveness of the differential feedback messages, *Educational Assessment, Evaluation and Accountability* 21, 2009, p. 347-367.

– Longuet Frédérique, Springer Claude, « Développer et évaluer les compétences professionnelles des enseignants de langues à l'université : une mission impossible ? », dans M. Causa (ed.), *Formation initiale et profils d'enseignants de langues : enjeux et questionnements*, Bruxelles, De Boeck, 2012.

– Meirieux Philippe, dans B. Rey et al., *Les Compétences à l'école. Apprentissage et évaluation*, Bruxelles, De Boeck, 2006.

– Merle Pierre, *Les Notes : secrets de fabrication*, Paris, Puf, 2007.

– Merle Pierre, *L'Élève humilié. L'école, un espace de non-droit ?*, Paris, Puf, 2005.

– Mialaret Gaston (dir.), *Vocabulaire de l'éducation*, Paris, Puf, 1979.

– Mons Nathalie, Crahay Marcel, « L'évaluation des performances scolaires des élèves : un instrument d'évaluation des politiques éducatives ? » dans G. Felouzis, S. Hanhart, *Gouverner l'éducation par les nombres ? Usages, débats et controverses*, Bruxelles, De Boeck, 2011.

– Mons Nathalie, Pons Xavier, "The reception of Pisa in France. A cognitive approach of institutional debate", *Sisifo Educational Sciences Journal*, 10, 2009.

– Monteil Jean-Marc, « Contexte social et performances scolaires : vers une théorie du feed-back de comparaison sociale », dans J.-L. Beauvois, R.-V. Joule, J.-M. Monteil, *La psychologie sociale : 20 ans de psychologie sociale francophone*, Grenoble, Presses universitaires de Grenoble, 1998.

– Mottier Lopez Lucie, Figari Gérard, *Modélisation de l'évaluation en éducation*, Bruxelles, De Boeck, 2012.

– Noizet Georges, Caverni Jean-Paul, *Psychologie de l'évaluation scolaire*, Paris, Puf, 1978.

– Perrenoud Philippe, « L'évaluation des élèves, outil de pilotage ou pare-angoisse ? », *Cahiers pédagogiques*, n° 438, 2005.

– Piéron Henri, *Examens et docimologie*, Paris, Puf, 1963.

– Piéron Henri et al., « Analyse des corrélations entre notations à une session de baccalauréat », *Biotypologie* n° 23, 1962.

– Posthumus K., *Levensgeheel en school*, Den Haag, W. van Hoeve, 1947.

– Rayou Patrick, Ripoche Laurence, « Le travail scolaire à la maison », dans A. van Zanten (dir.), *Dictionnaire de l'éducation*, Paris, Puf, 2008.

– Rémond Martine, « Que nous apprend PIRLS sur la compréhension des élèves français de 10 ans ? », *Repères* n° 35, 2007.

– Rey Bernard, Carette Vincent, Defrance Anne, Kahn Sabine, *Les Compétences à l'école : Apprentissage et évaluation*, Bruxelles, De Boeck, 2006.

– Rochex Jean-Yves, Crinon Jacques, *La construction des inégalités scolaires. Au cœur des pratiques et des dispositifs d'enseignement*, Rennes, Presses universitaires de Rennes, 2011.

– Roegiers Xavier, *La pédagogie de l'intégration ; des systèmes d'éducation et de formation au cœur de nos sociétés*, Bruxelles, De Boeck, 2010.

– Roegiers Xavier, *L'École et l'évaluation ; des situations complexes pour évaluer les compétences des élèves*, Bruxelles, De Boeck, 2010 (rééd.).

– Scallon Gérard, *L'Évaluation des apprentissages dans une approche par compétences*, Bruxelles, De Boeck, 2007.

– Steele Claude M., Aronson Joshua, "Stereotype threat and the intellectual test performance of African Americans", *Journal of Personality and Social Psychology*, 69, 1995.

– Suchaut Bruno, « La loterie des notes au bac. Un réexamen de l'arbitraire de la notation des élèves », *Les documents de travail de l'IREDU*, DT2008/3, 2008.

– Toczek Marie-Christine, « Réduire les différences de performance selon le genre lors des évaluations institutionnelles, est-ce possible ? Une première étude expérimentale… », *L'orientation scolaire et professionnelle* n° 34/4, 2005.

– Van Beveren Julien, Dumortier Jean-Louis, Dipsy Micheline, « L'évaluation de la qualité de la langue dans la production d'écrits. De futurs maîtres face aux copies des lycéens », *Le français aujourd'hui*, n° 181, 2013.

LISTE DES
CONFÉRENCES

LE CONCEPT D'ÉVALUATION
Marc BRU, université de Toulouse 2 Le Mirail, ESPE de l'académie de Toulouse, *professeur des universités*, sciences de l'éducation

S'INTERROGER SUR LES FONDEMENTS THÉORIQUES D'UN CHOIX ÉVALUATIF
Gérard FIGARI, université de Grenoble 2, *professeur émérite*, Laboratoire des sciences de l'éducation

L'ÉVALUATION POUR LES APPRENTISSAGES :
SES ENJEUX, SES CONTRAINTES
Martine RÉMOND, université Paris-Est Créteil, *maître de conférences*, psychologie cognitive

CULTURES DE L'ÉVALUATION : ENJEUX POUR L'ÉVALUATION DES APPRENTISSAGES DES ÉLÈVES ET POUR LE DÉVELOPPEMENT PROFESSIONNEL DES ENSEIGNANTS
Lucie MOTTIER LOPEZ, université de Genève, *maître d'enseignement et de recherche*

PRATIQUES D'ÉVALUATION EN FORMATION D'ENSEIGNANTS.
POINTS CRITIQUES ET PERSPECTIVES
Léopold PAQUAY, université de Louvain, *professeur émérite*, psychologie et sciences de l'éducation

L'ÉVALUATION DES TÂCHES COMPLEXES
Jean-Marie DE KETELE, université de Louvain, *professeur émérite*, psychopédagogie

PRÉSENTATION DU JURY

PRÉSIDENT : Marc BRU

DISCUTANT : Xavier PONS

MEMBRES DU JURY :

– Denis BUTLEN, université de Cergy-Pontoise, *professeur des universités*, didactique des mathématiques

– Catherine DELARUE-BRETON, université Paris-Est Créteil, *maître de conférences*, sciences du langage

– Corinne DEMARCY, université de Cergy-Pontoise, *maître de conférences*, psychologie cognitive

– Hélène EVELEIGH, lycée Évariste-Galois (Noisy-le-Grand), *professeure agrégée*, lettres

– Roger-François GAUTHIER, *inspecteur général de l'administration de l'éducation nationale et de la recherche, consultant à l'Unesco*

– Emmanuel LEFÈVRE, université Paris-Sorbonne, *professeur agrégé*, EPS

– Frédérique LONGUET, université Paris-Sorbonne, *professeure certifiée*, allemand

– Brigitte MARIN, université Paris-Est Créteil, *professeure des universités*, sciences du langage

– Jean-Luc PASSIN, université Paris-Est Créteil, *professeur certifié*, technologie

– Sylvie PLANE, université Paris-Sorbonne, *professeure des universités*, sciences du langage

– Patrick POMMIER, université de Cergy-Pontoise, *professeur agrégé*, sciences de la vie et de la Terre

– Nathalie SAYAC, université Paris-Est Créteil, *maître de conférences*, didactique des mathématiques

– Philippe WATRELOT, université Paris-Sorbonne, *professeur agrégé*, sciences économiques et sociales

Épistémologie, savoirs et champs disciplinaires : questions d'apprentissage
CRDP de l'académie de Créteil, 2013.

Pratiques de classe et autorité
CRDP de l'académie de Créteil, 2011.

La mixité à l'école : filles et garçons
CRDP de l'académie de Créteil, 2009.

Scolariser les élèves en situation de handicap
CRDP de l'académie de Créteil, 2008